AI普及应用及落地实践丛书

U0837120

AI量化交易

高效构建交易策略的新路径

罗勇 卢洪波 王光伟 罗天奇 著

電子工業出版社
Publishing House of Electronics Industry
北京 · BEIJING

内 容 简 介

本书以“数据→策略→模型”的闭环为主线，将量化交易与人工智能深度融合。具体而言，首先通过通俗的讲解为读者普及量化与人工智能的基础知识，进而快速切入15个可实现实盘操作的典型策略，覆盖竞价量价因子、高频交易、舆情监控等核心场景。本书首次系统呈现了大模型提示工程与智能体在交易中的完整落地路径，每章均配备数据获取方案、可复用代码及提示词模板，同时提供配套的代码仓库与术语词典，方便读者随时使用。

本书旨在助力金融从业者、技术人员、学术研究者及个人投资者高效搭建AI量化交易策略，真正打通理论与收益之间的“最后一公里”。

图书在版编目（CIP）数据

AI 量化交易 ： 高效构建交易策略的新路径 / 罗勇等著. -- 北京 ： 电子工业出版社, 2025. 8 (2025.9 重印). -- (AI 普及应用及落地实践丛书). -- ISBN 978-7-121-50572-0

Ⅰ. F830.91-39

中国国家版本馆CIP数据核字第2025A429P1号

责任编辑：孙学瑛

印　　刷：中国电影出版社印刷厂

装　　订：中国电影出版社印刷厂

出版发行：电子工业出版社

北京市海淀区万寿路173信箱　　邮编100036

开　　本：720×1000　1/16　印张：19　字数：283千字

版　　次：2025年8月第1版

印　　次：2025年9月第6次印刷

定　　价：99.00元

凡所购买电子工业出版社图书有缺损问题，请向购买书店调换。若书店售缺，请与本社发行部联系，联系及邮购电话：（010）88254888，88258888。

质量投诉请发邮件至zlts@phei.com.cn，盗版侵权举报请发邮件至dbqq@phei.com.cn。

本书咨询联系方式：sxy@phei.com.cn。

专家赞誉

本书以大模型技术应用为核心，全面阐述量化交易策略构建方法论，兼具理论创新与实践指导意义，为智能投资领域的研究者与实践者提供重要参考。

杨晓光

国务院政府特殊津贴专家

国家杰出青年科学基金获得者

中国系统工程学会理事长

中国科学院数学与系统科学研究院研究员、博士生导师

本书系统构建了 AI 量化交易的学习路径，涵盖基础理论与实战应用，结合生成式 AI 的技术优势，助力读者实现量化交易领域的突破性进展。无论是资深投资者，还是量化交易初学者，均可通过本书获得全新的视角与启发，把握 AI 时代的发展机遇。

陈剑

马里兰大学史密斯商学院管理科学博士

复旦大学国际金融学院金融学实践教授

成都市复旦西部国际金融研究院研究员

信风金融科技创始人兼 CEO

联科熙和碳中和战略研究院研究员

中国资产证券化论坛信息披露专委会主席

智能投资与超级算力已深刻影响证券投资、交易行业及风险管理技术的发展，AI 技术正在深度融入金融经济体系。本书通过系统分析 AI 量化交易策略与交易技术，从多维度反映市场结构变迁与行为特征，运用 AI 技术精准挖掘市场有效性与风险偏好特征，具有重要的参考价值。

卢申林
纽约大学柯朗数学科学研究所博士
上海睿值私募基金管理有限公司总经理

本书为金融从业者、科研人员和技术开发者理解 AI 重构投资范式提供了精准路径，将为关注 AI 与量化交易融合的读者带来具有实践意义的启发。

何晓敏
五矿证券研究所消费电子行业研究员

前 言

很多人会有一个疑问：为什么国产大模型 DeepSeek 是一个量化交易团队开发的？

其实，这背后有一个很简单的原因——量化交易与大模型在本质上是相似的。量化交易的核心目标是预测下一根 K 线的走势，而大模型的任务是预测下一个字符或字符串。无论是数据分析还是模型预测，背后都离不开海量的数据、精妙的算法和强大的算力。因此，量化交易者与大模型研究者的工作内容在本质上是相同的——他们都在利用先进的技术去解码复杂的数据模式。

说到大模型与量化交易的结合，就不得不提世界知名的量化投资公司 WorldQuant（世坤）。2015 年，WorldQuant 通过公开 101 个阿尔法因子的方式，推动了全球量化交易的发展。更重要的是，他们是最早将大模型应用于量化研究和全球量化竞赛的公司之一。2024 年，在 WorldQuant 主办的全球量化大赛中，我们团队拿下了中国区前 8 名中的 4 个席位，这不仅是团队的荣耀，也是我们在大模型与量化交易结合方面不断探索的成果。

在这段历程中，我们不断借助大模型的强大能力，完成了对全球市场中近 3000 万个因子组合的测试和挖掘。正是因为大模型赋予了我们如此强悍的数据处理和预测能力，我们才能在海量数据中快速挖掘出有价值的信息。与以往的手工挖掘因子相比，我们的工作效率提升了近 10000 倍！

大模型时代为我们提供了一次智力平权的机会。时至今日，我们已经可以利用大模型高效且高质量地完成很多工作。例如，1 分钟，实现从研报到因子构建，再到数据回测；10 分钟，撰写 100 万字的高质量文章；1 小时，翻译 20 万字的可达出版水平的内容。效率的大幅提升彻底改变了量化交易的工作方式，甚至可以说，这是一次革命性的突破。

作为国内最早一批的量化研究者和大模型使用者，我深知大模型为投资者带来的变革。在本书中，我将带你走进人工智能（AI）与量化交易的未来，探索如何利用大模型提高投资效率、发掘市场潜力，并在投资回报上取得更大的突破。无论你是经验丰富的投资者，还是刚刚涉足量化交易的新人，本书都能为你提供全新的视野和启发，帮助你搭上 AI 时代的列车。

所以，准备好了吗？让我们一起走进 AI 时代的量化交易世界！

罗勇

2025 年 4 月

目　录

1

第 1 章 量化交易基础入门

1.1 什么是量化交易

量化交易是指以数学模型和统计方法为基础，利用计算机技术对金融市场进行系统性分析和自动化决策的一种投资方式。它强调用数据和算法替代人为判断，通过对历史和实时数据的深入挖掘，构建可重复、可验证的交易策略，从而实现科学、理性的投资管理。

与传统的主观交易相比，量化交易的核心特征在于“数据驱动”和“自动化执行”。投资者不再依赖个人经验或情绪，而是通过严密的模型和规则，客观地捕捉市场中的规律性机会。量化交易策略通常涵盖统计分析、机器学习、行为金融、自然语言处理等多学科知识，并结合大数据、人工智能等现代信息技术，提升策略的有效性和稳定性。

量化交易的本质在于：在充满不确定性的金融市场中，利用概率和统计优势，寻找并把握高胜率的投资机会。其基本假设包括：市场存在可被挖掘的结构性规律；没有绝对最优的策略，只有阶段性的、局部的最优解；理性与非理性行为共同影响着市场波动。

在实际操作中，量化交易系统能够自动地从庞杂的数据中筛选信号，严格按照预设规则执行买卖操作，有效规避因情绪波动带来的非理性决策，帮助投资者实现与预期更为一致的收益表现。通过不断优化模型和策略，量化交易为投资者提供了一套科学、系统的投资流程，逐步成为现代金融市场的重要力量。

1.2 量化交易的研究对象与应用领域

量化交易的研究对象极为广泛，涵盖了现代金融市场中的多种资产类别。最常见的应用领域包括股票、期货、期权、外汇、黄金等传统金融产品。近年来，随着数字经济的发展，加密资产（如比特币、以太坊等数字货币）也逐渐成为量化交易的重要标的。此外，跨资产类别的策略也在不断涌现，例如，同时对股票与期货进行套利，或在不同市场间进行对冲。

每种资产类型都有其独特的市场结构和价格行为。例如，股票市场受公司基本面、行业政策等多重因素影响，期货市场则更强调供需关系和宏观经济周期。加密资产市场的波动性大、交易时间几乎不间断，为量化交易策略提供了丰富的实验场景。量化研究通过收集和分析这些资产的历史价格、成交量、财务数据等信息构建模型，以预测未来走势或发现市场中的异常机会。

量化交易不仅限于单一市场或单一品种。跨资产策略通过分析不同资产之间的相关性与联动性，设计出了多元化的投资组合，进一步分散风险、提升收益。例如，投资者可以同时关注股票与加密货币的价格变动，利用统计套利、配对交易等手段捕捉价差。

从更广义的角度来看，只要某一领域存在可量化的数据和可交易的对象，就可以对量化分析方法加以应用。无论是传统的金融产品，还是新兴的数字资产，甚至是某些另类投资领域（如艺术品、体育赛事等），只要能够获取足够的数据，就有可能成为量化交易的研究对象。量化交易的普适性和可扩展性，使其具备极大的发展潜力和应用空间。

通过深入理解各类资产的特性，并灵活运用跨资产策略，量化交易为投资者提供了多样化的投资选择和创新空间，极大地拓展了金融市场的边界。

1.3 发展简史与行业现状

1.3.1 量化交易的萌芽

量化交易的起源可以追溯到 250 年前的日本，本间宗久凭借其敏锐的信息捕捉能力和先进的技术分析手段，在米市期货交易中屡次获得成功，成为全球首位量化交易大师。尽管早期的交易经历了一些挫折，但在禅宗大师的启发下，本间宗久前往大阪的堂岛交易所进行交易。初期，他并未急于入市，而是仔细记录每一笔大米交易的开盘价、最高价、最低价和收盘价。通过分析这些历史价格，他创造了世界上第一幅蜡烛图，这一创新标志着量化交易的初步形成。同时，他利用蜡烛图总结出头肩顶、阻力线等技术分析规律，最终在大米期货交易中获得了巨额利润，约合今天的 100 亿美元。

本间宗久因其卓越的交易技巧被誉为“市场之神”。他的贡献不仅在于发明了蜡烛图（K 线图），还在于其投资智慧和名言至今仍在影响着资本市场。1991 年，美国人史蒂夫·尼森从日本经纪商那里了解到蜡烛图，并出版了《阴线阳线》一书，将这一技术引入西方，使其在全球范围内得以传播。

1.3.2 量化交易的发展历程

量化交易的发展建立在众多理论巨匠的研究基础之上。从 20 世纪 50 年代哈里·马科维茨（1990 年诺贝尔经济学奖得主）的投资组合理论，到 20 世纪 70 年代迈伦·斯科尔斯（1997 年诺贝尔经济学奖得主）提出的期权定价模型（B-S 模型），再到 20 世纪 90 年代尤金·法玛（2013 年诺贝尔经济学奖得主）的三因子模型，量化交易在这些理论的推动下不断前行。借助计算机、大数据和人工智能等技术，量化交易实现了自动化和半自动化的交易方式。

1. 国际量化交易发展历程

量化交易的起源可以追溯到 20 世纪 60 年代，爱德华·索普（Edward

Thorp）通过科学的方法研究赌术，发明了基于 21 点原理的量化股票市场系统，并成功将其应用于可转债套利。他创立的普林斯顿—纽波特合伙公司成为最早采用数学技术获利的机构之一，索普也因此被称为“宽客教父”。他在 1959 年利用计算机进行数据处理，获得了盈利模型，并在香农的帮助下，向美国数学会提交了题为《财富密码：21 点常胜策略》的论文，迅速成名。

1965 年，索普与金融学教授希恩·卡索夫合作，研究股票权证定价，并于 1967 年出版了 *BEAT THE MARKET: A Scientific Stock Market System*，提出了第一个精确的量化交易策略，成功为可转债定价。

虽然索普的观点与有效市场假说（Efficient Markets Hypothesis，EMP）相符，但二者的结论却有所不同。EMP 认为市场价格已经反映了所有公开信息，持续战胜市场几乎不可能，而索普则认为价格变化的概率可以被量化。

1969 年，索普与里根开设了“可转换货币对冲合伙基金”，后更名为普林斯顿—纽波特合伙公司，开始使用可转债套利策略，利用自行开发的权证定价模型进行交易。该基金在索普的操作下表现优异，连续 11 年未出现亏损，成为量化交易的典范。

2. 量化交易的兴起

1973 年，费希尔·布莱克和迈伦·斯科尔斯发表了论文 *The Pricing of Options and Corporate Liabilities*，提出了著名的期权定价模型（也称“布莱克—斯科尔斯”模型，B-S Model），形成了期权定价理论。该理论假设价格随机游走，价格运动方向呈钟形分布。该理论迅速被华尔街接受，这标志着量化革命的开始。

1983 年，格里·班伯格在为摩根士丹利编写配对策略软件时，偶然发现了统计套利策略，使用这一策略能在各种市场环境下实现获利。许多基金公司开始采用这一策略，如班伯格加入普林斯顿—纽波特合伙公司并创立了 BOSS 基金。

3. 量化交易的繁荣发展

1990 年，诺贝尔经济学奖授予马科维茨、夏普和默顿，因为他们推动了量化交易的理论研究。马科维茨提出的现代投资组合理论强调通过分散投资降低风险，成为量化交易的重要理论基础。芝加哥大学、麻省理工学院等高校相继开设相关课程，推动了量化交易的学术研究。

1988 年，詹姆斯·西蒙斯和詹姆斯·埃克斯设立了大奖章基金，早期将 15%仓位用于短期投资，后将短期投资作为核心逻辑，第一年的收益率达到 56%。该基金以高频交易和多策略著称，20 年间的收益率高达 70%。

4. 量化交易的低谷时期

2000 年互联网泡沫破灭后，资金涌入对冲基金，面对竞争，对冲基金开始上市筹资，但行业平均盈利率下降，杠杆不断加大。2008 年，美国房地产泡沫破裂，次贷危机引发了公众对量化交易的质疑。最终，经过广泛的讨论甚至法庭辩论，量化交易才得以洗脱污名。直到 2013 年，尤金·法玛承认动量的存在，量化交易才获得学术界的认可与关注。

5. 美国量化交易的发展历程

2011 年被视为美国的量化交易元年，因为从这一年开始，量化交易研究的会议开始有美国金融领域的官员参加（得到了官方认可）。2012 年，高盛将近 600 名交易员裁减为 2 名，这个国际领先的投资银行开始全部采用量化交易模型在全球博弈。2013 年，阿斯内斯等人在 *The Journal of Finance* 上发表了具有深远影响的论文《价值和动量无处不在》。同年，“有效市场假说”的提出者尤金·法玛在诺贝尔经济学奖讲座中首次承认了动量（Momentum）现象的存在，并将其视为金融市场的“主要异常现象”（premier anomaly）。在这次讲座中，法玛提到，尽管动量策略（购买过去表现良好的股票，卖出表现差的股票）违背了传统的有效市场假说，但其长期成功的表现使其成为一个值得关注的现象。2015 年，101 个阿尔法因子被世界著名的量化投资公司 WorldQuant（世坤）公开于世。这些因子被称为“公式化阿尔法”（Formulaic Alphas），旨在通过简单的数学公式捕捉股票市场中的潜在预测信号，这个举动极大推动了全球量化交易的发展。

1.3.3 中国量化交易的发展历程

1. 萌芽阶段（2002—2010 年）

国内市场交易制度和投资工具尚不完善，量化技术难以发挥真正的作用。2002 年，国内首只指数增强型量化基金——华安上证 180 指数增强型基金成立，标志着中国量化交易的开始。

2. 起步阶段（2010—2015 年）

2010 年，中国第一只股指期货——沪深 300 股指期货上市，开启了中国做空机制与杠杆交易的时代。此时，公募基金的量化交易策略主要集中在量化选股和对冲策略上，私募基金则采用更丰富的策略，如 CTA、期权和债券策略。2015 年，中证 500 股指期货上市，为量化基金提供了更多机会。

3. 成长阶段（2016 年至今）

WorldQuant 于 2015 年年底公开发布了报告“101 Formulaic Alphas”，给出了 101 个阿尔法因子，这份报告引起了中国投资界的广泛关注。2016 年，中国量化元年开启。2017 年，国泰君安证券发布了 191 个阿尔法因子，这些因子与 WorldQuant 的 101 个阿尔法因子在构造上十分接近。同年，中国中期和中国人民大学的量化培训班开始了第一期培训招生。2018 年，中国智能金融人才培养高级研讨会在西安拉开帷幕，全国各地 40 多所高校、160 多名教授学者参加（幻方量化作为实战界的唯一代表也被邀参会），国内学术界开始全面转向量化研究。2019 年，证监会发布《公开募集证券投资基金参与转融通证券出借业务指引（试行）》，进一步推动了量化交易的发展。

1.3.4 AI 时代的量化交易现状

进入 21 世纪 20 年代，人工智能（Artificial Intelligence，AI）技术的迅猛发展为量化交易行业带来了前所未有的变革。尤其是以 ChatGPT、Claude、DeepSeek、豆包等为代表的大语言模型（Large Language Model，LLM，下文简称“大模型”），以及基于深度学习的多模态模型、强化学习智能体等，正深刻重塑量化交易策略的开发、优化和执行方式。AI 与量化交易的深度融合，推动了行业从“规则驱动”向“智能驱动”转型，呈现出以下几个显著特征。

1. 大模型赋能策略开发与创新

传统量化交易策略的开发往往依赖于人工设计因子、特征工程和烦琐的回测流程，而大模型的引入极大提升了策略开发的自动化和智能化水平。借助自然语言处理能力，大模型能够自动理解金融文本、新闻、公告等非结构化信息，将其转化为可用于建模的因子，极大丰富了数据源和信号类型。同时，研究者和交易员可以用自然语言直接与模型交互，快速生成策略代码和优化参数、解释模型输出，大幅降低了策略开发的门槛和周期。

2. 智能体驱动的自主决策与交易执行

近年来，基于强化学习和多智能体系统（Multi-Agent System，MAS）的智能体（Agent）在量化交易领域崭露头角。与传统的静态策略不同，智能体能够在复杂多变的市场环境中自主学习最优交易决策，实现自适应、高频率的动态调整。例如，智能体可以根据实时行情、订单簿变化、宏观经济数据等多维度信息，动态调整持仓、止损、加仓等操作，实现“无人值守”的自动化交易。此外，智能体还能够协同工作，分工合作，优化整体投资组合的风险收益表现。

3. AI 驱动的因子挖掘与信号发现

在大数据和 AI 的加持下，量化交易中的因子挖掘已从传统的线性回归、主成分分析等方法，转向深度神经网络、图神经网络（Graph Neural Network，GNN）、自监督学习等前沿技术。大模型能够从海量结构化与非结构化数据中自动提取复杂的非线性特征，发现隐藏的交易信号。例如，利用情感分析模型从社交媒体、新闻报道中提取市场情绪，或通过图神经网络挖掘产业链、资金流动等多维度的关联关系，能极大提升信号的丰富性和前瞻性。

4. 端到端的智能化量化平台与工具链

随着 AI 技术的普及，越来越多的金融科技公司和机构推出了端到端的智能化量化平台。例如，基于大模型的策略生成平台，用户只需输入投资目标和风险偏好，系统即可自动生成、回测并优化交易策略。部分平台还集成了自动化数据清洗、特征工程、模型训练、风险管理、实盘执行等全流程工具，大幅提升了量化团队的研发效率和创新能力。

1.4　量化交易策略的五大分类

量化交易策略的发展经历了从狭义到广义的不断演进。许多人将量化交易等同于对冲操作，但事实上，这只是量化交易领域的冰山一角。真正的量化交易策略涵盖了更为广泛的类型，每种策略类型都有其独特的理论基础、应用场景和代表性人物。

在量化交易的世界里，理性和系统性是其核心。许多著名的投资大师都强调，成功的投资并非仅仅依赖于天赋，而是基于严密的逻辑推理和可量化的分析。通过模型化和数据驱动的方法，投资者能够在复杂的市场环境中寻找规律，实现策略的复制与优化。

与传统的量化理论不同，量化交易策略的类型是从投资者的性格和信仰角度来划分的。也就是从广义和人性的角度来看，量化交易策略可以划分为以下五大类：基本面量化交易策略、资产配置量化交易策略、阿尔法量化交易策略、贝塔量化交易策略以及另类量化交易策略。

1.4.1 基本面量化交易策略

1. 策略逻辑

基本面量化交易策略，偏向于价值投资者的逻辑，是指将传统的基本面分析方法与现代数据处理技术相结合，通过对企业财务数据、行业景气度、宏观经济指标等多维度信息的量化处理，筛选出具有投资价值的标的。这类策略通常采用一系列财务因子（如市盈率、市净率、ROE、营收增长率等）进行打分排序，结合行业轮动、景气度排名等方法，动态调整投资组合。

2. 应用场景

基本面量化交易策略广泛应用于股票市场，尤其适合价值投资者和机构投资者。它能够帮助投资者在大盘波动中筛选出基本面优良、具备长期成长潜力的公司，规避短期市场情绪带来的风险。此外，该策略也常用于行业轮动、主题投资等场景，通过定期评估行业景气度变化，捕捉周期性机会。

3. 代表人物

沃伦·巴菲特（Warren Buffett）是基本面量化投资领域的杰出代表。虽然巴菲特本人未必直接使用量化模型，但其“以理性为基础”的投资理念和对企业内在价值的重视，为后来的基本面量化交易策略奠定了理论基础。如今，许多量化基金都试图通过模型化手段复制巴菲特的选股逻辑。

4. 典型案例

2022 年一季度，苹果公司股价连续三天大幅下跌，伯克希尔·哈撒韦公司迅速出手，买入价值约 6 亿美元的苹果公司股票。这一操作正是基于对苹果公司基本面和行业前景的深度分析。类似地，A 股市场上也有诸如“行业景气增强量化交易策略”，通过对各行业的景气度进行动态排名，滚动配置表现优异的行业指数，实现超额收益。基本面量化交易策略概览如表 1.1 所示。

表 1.1　基本面量化交易策略概览

项　目	详　情
策略逻辑	定期评估各行业景气度，动态配置优质行业股票
策略使用说明	买入景气度提升的行业，卖出表现不佳行业股票
适用对象	价值投资者
代表人物	巴菲特

5. 案例展示

以 A 股市场为例，2022 年 4 月 26 日，某行业基本面景气增强量化交易策略新纳入了大气治理、科技、建材等行业股票。该策略在过去半年内的收益率超过沪深 300 指数 50%以上，显示出强大的选股和行业轮动能力，如图 1.1 所示。

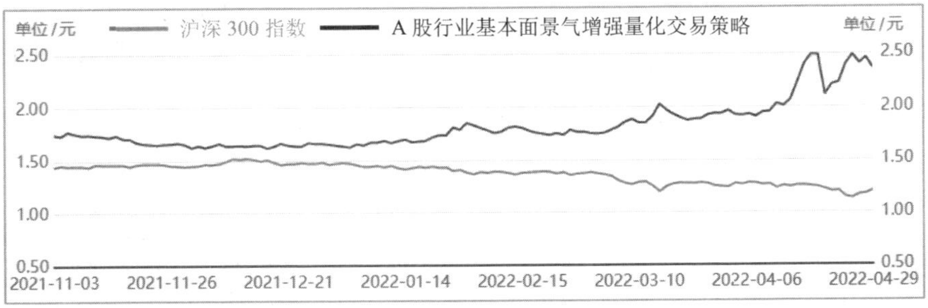

图 1.1　A 股行业基本面景气增强量化交易策略收益简图

1.4.2　资产配置量化交易策略

1. 策略逻辑

资产配置量化交易策略，偏向于机构投资者的逻辑，强调在不同资产类别（如股票、债券、现金、商品等）间进行动态配置，以平衡收益与风险。该策略通常基于各类资产的历史收益、波动率、相关性等指标，通过模型计算最优配置比例，并定期进行再平衡。其核心在于分散风险、提升组合的长期稳定性。

2. 应用场景

资产配置量化交易策略广泛应用于养老金、主权财富基金、家族信托等大规模资金管理领域。对于追求长期稳健收益的投资者而言，资产配置模型能够有效降低单一资产波动带来的风险，实现财富的持续增长。

3. 代表人物

瑞·达利欧（Ray Dalio），桥水基金创始人，是全球资产配置量化交易策略的先驱。他提出的"全天候策略"（All Weather Strategy）强调，通过分散投资在不同经济周期中表现各异的资产，实现了穿越牛熊的稳定回报。美国 401K 养老金计划也是资产配置量化交易策略的典型应用。

4. 典型案例

2022 年年初，达利欧在公开采访中指出，中国市场正处于崛起阶段，并建议全球投资者关注中国资产。在中国市场，类似于美国 401K 养老金计划的"全天候产品组合配置量化交易策略"逐渐兴起。资产配置量化交易策略通过定期调整股票、债券、现金等资产的比例，实现了风险与收益的动态平衡，其概览如表 1.2 所示。

表 1.2 资产配置量化交易策略概览

项　目	详　情
策略逻辑	动态评估各类资产收益与风险，轮动配置
策略使用说明	定期再平衡资产比例
适用对象	大型资金管理者
代表人物	瑞·达利欧

5. 案例展示

以中国全天候产品组合为例，其 2022 年某季度的资产配置情况如表 1.3 所示。

表 1.3 中国全天候产品组合资产配置情况

股　票		债　券		现　金	
本次	上次	本次	上次	本次	上次
20%	20%	20%	30%	60%	50%

6. 风险指标

中国全天候产品组合配置量化交易策略与美国 401K 养老金计划风险指标对比如表 1.4 所示。

表 1.4 中国全天候产品组合配置量化交易策略与美国 401K 养老金计划风险指标对比

指标名称	中国全天候产品组合配置量化交易策略	美国 401K 养老金计划
复合年增长率	6.18%	6.86%
年化波动率	7.27%	11.62%
夏普比率	0.86	0.63
索提诺比率	1.12	0.74
最大回撤率	–17.80%	–35.31%
当前回撤率	–10.36%	–10.78%
最长回撤时间	17 个月	28 个月

该策略凭借较低的波动率和回撤率，成为超大规模资金管理的首选方案。

1.4.3 阿尔法量化交易策略

1. 策略逻辑

阿尔法量化交易策略，偏向于风险偏好小的投资者逻辑，致力于在市场中发现并利用“超额收益因子”，即那些能够带来高于市场平均水平回报的投资信号。此类策略通常依赖于大量历史数据，通过机器学习、统计分析等方法不断挖掘新的有效因子，并根据因子表现动态调整投资组合。

2. 应用场景

阿尔法量化交易策略主要应用于股票、期货等高流动性市场，适合追求高收益的专业投资者。由于市场环境不断变化，阿尔法因子的有效性具有时效性，因此需要持续优化和更新策略。

3. 代表人物

詹姆斯·西蒙斯（James Simons），文艺复兴科技基金创始人，被誉为“量化交易之父”。其领导的团队通过复杂的数学模型和高频交易系统，取得了平均年化收益率高达 60%的惊人成绩，成为阿尔法量化交易策略的典范。

4. 典型案例

以指数群因子策略为例，投资者通过跟踪全市场、中证 500 指数、涨停个股等不同板块，结合市盈率、市净率、涨幅等因子，动态调整持仓，实现了超越市场的收益，其概览如表 1.5 所示。

表 1.5 阿尔法量化交易策略概览

项 目	详 情
策略逻辑	持续挖掘有效阿尔法因子，动态优化投资组合
策略使用说明	买入因子排名靠前的股票，卖出排名靠后的股票
适用对象	量化投资者
代表人物	詹姆斯・西蒙斯

5. 案例展示

某指数群因子策略的因子配置如表 1.6 所示。

表 1.6 某指数群因子策略的因子配置

全 市 场	中证 500 指数	涨停个股
市盈率（越低越好）	60 日涨幅（越小越好）	市净率（越高越好）

通过不断优化因子组合，该策略在不同的市场环境下均表现出较强的适应性和超额收益能力。

1.4.4 贝塔量化交易策略

1. 策略逻辑

贝塔量化交易策略，偏向于博弈型的投资者逻辑，其核心在于对市场整体趋势的跟踪和利用。通过对市场价格、成交量、波动率等宏观指标的量化分析，判断市场处于多头还是空头状态，并据此调整仓位。这类策略强调顺势而为，利用市场的系统性波动获取收益。

2. 应用场景

贝塔量化交易策略适用于大宗商品、股票指数、期货等趋势性明显的市场。对于技术分析派投资者而言，贝塔量化交易策略能够有效规避大盘下跌风险，在牛市中捕捉上涨机会。

3. 代表人物

斯坦利·克罗（Stanley Kroll）是贝塔量化交易策略的代表人物之一。他通过对市场趋势的深入研究，提出了多种实用的择时模型，为后来的趋势跟踪策略提供了理论基础。

4. 典型案例

近年来，贝塔量化交易策略在商品市场表现突出。例如，基于量价时空（PTSS）的市场择时量化交易策略和基于相对强度（RSRS）的市场择时量化交易策略通过对价格和相对强度的分析，有效规避了市场下跌风险，提升了整体收益，其概览如表 1.7 所示。

表 1.7　贝塔量化交易策略概览

项　　目	详　　情
策略逻辑	跟踪市场趋势，动态调整仓位
策略使用说明	多头持有，空头观望
适用对象	技术派
代表人物	斯坦利·克罗

5. 案例展示

PTSS 策略和 RSRS 策略的对比如表 1.8 所示。

表 1.8　PTSS 策略和 RSRS 策略的对比

PTSS 策略		RSRS 策略	
状态	持续时间	状态	持续时间
空头市场	50 个交易日	空头市场	75 个交易日

这类策略在市场下行阶段能有效规避风险，提升整体投资回报率。

1.4.5 另类量化交易策略

1. 策略逻辑

另类量化交易策略，偏向于有独家数据优势的投资者逻辑，通常利用市场参与者的非理性行为、信息不对称或特殊事件驱动，寻找超额收益机会。这类策略往往结合了行为金融学、事件驱动分析、另类数据（如卫星遥感、网络舆情等），通过捕捉市场异动、热点题材或突发事件，快速反应并获取收益。

2. 应用场景

另类量化交易策略适合风险偏好较高、善于捕捉市场短期机会的投资者。他们常见于对冲基金、私募基金等高灵活度的资金管理机构。策略本身具有较强的创新性和隐蔽性，复制难度较大，但一旦成功，往往能获得超额回报。

3. 代表人物

乔治·索罗斯（George Soros）是另类量化交易策略的代表人物之一。他善于利用市场恐慌和信息不对称，在关键时刻果断出击，屡次制造轰动全球的投资事件。他“制造恐慌”的能力也是策略的核心竞争力。

4. 典型案例

事件驱动量化交易策略是另类量化交易策略的典型代表。通过追踪市场热点、政策变化、重大新闻等，快速调整投资组合。例如，某次热点概念股（如 IP 概念）被纳入投资池，而前期的氮化钾、虚拟现实等概念则被剔除，其概览如表 1.9 所示。

表 1.9　另类量化交易策略概览

项　　目	详　　情
策略逻辑	利用市场情绪和信息差，捕捉热点机会
策略使用说明	做多热点概念，延续时间取决于市场热度
适用对象	另类投资者
代表人物	乔治·索罗斯

5. 案例展示

某事件驱动量化交易策略的近期热点配置如表 1.10 所示。

表 1.10　某事件驱动量化交易策略的近期热点配置

本次入选热点概念	上次入选热点概念
IP 概念	氮化钾、虚拟现实

通过及时捕捉市场热点，该策略在短时间内实现了超额收益。

当前市场主流的五大类量化交易策略——基本面量化交易策略、资产配置量化交易策略、阿尔法量化交易策略、贝塔量化交易策略、另类量化交易策略——各具特色，覆盖了从价值投资到趋势跟踪、从因子挖掘到事件驱动等多种投资理念。每种策略都有其代表人物和典型案例，投资者可根据自身的风险偏好和资金规模，选择适合自己的量化投资路径。

市场的本质是博弈与平衡，五大类量化交易策略的并存正是市场多元化和复杂性的体现。正如业内常言："所有的阿尔法最终都会归于贝塔。"本章通过对这些策略类型的系统梳理，旨在帮助投资者从多维度理解量化交易的本质与未来发展方向。

1.5　未来趋势与挑战

随着科技进步和金融市场的不断演化，量化交易正在迈向全新的发展阶段。未来，行业将面临前所未有的机遇与挑战，主要体现在智能化、监管、算力、数据及可解释性等方面。

1. 智能化浪潮

AI 与机器学习的崛起，正在深刻改变着量化交易的策略开发、信号提取和风险管理方式。智能算法不仅能处理结构化数据，还能对文本、图像、音频等非结构化信息进行深度挖掘。未来，随着大模型和元知识学习等技术的突破，量化交易策略将更加智能化和自动化，能够自适应市场变化，动态优化投资决策。

2. 监管环境趋严

量化交易的快速发展引起了全球监管机构的高度关注。算法操纵、市场操纵等风险事件频发，推动监管政策不断升级。未来，量化交易需在合规框架下运行，策略开发、数据使用、交易执行等环节都将受到更严格的监管约束。如何在创新与合规间找到平衡点，是行业必须面对的重要课题。

3. 算力与数据瓶颈

高效的算力是量化交易模型迭代和高频执行的基础。随着模型复杂度的提升，对计算资源的需求日益增长，算力成为策略开发与落地的瓶颈。同时，优质数据的获取与处理也面临挑战。部分市场、行业或资产的数据稀缺，限制了模型的泛化能力和策略的稳定性。

4. 黑箱问题与可解释性

尽管 AI 极大推动了量化交易的创新，但行业也面临新的挑战。首先，随着大模型和智能体的普及，策略同质化现象加剧，阿尔法因子易被市场快速套利，策略生命周期缩短。其次，AI 模型尤其是深度神经网络的“黑箱”属性，导致策略的可解释性和透明度下降，风险管理难度加大。未来，提升量化模型的可解释性、透明度和可控性，将成为行业发展的重要方向。

5. 未来趋势：人机协同与 AI 原生量化

展望未来，AI 与量化交易的融合将更加深入。人机协同将成为主流，交易员与 AI 模型共同参与策略设计、风险控制和决策执行，形成“人机共智”的新范式。同时，AI 原生量化（AI-Native Quant）策略将不断涌现，即策略从数据采集、信号生成、风险管理到执行全流程由 AI 驱动。随着大模型、智能体、联邦学习等技术的成熟，量化交易有望实现更高维度的数据融合、更强的适应性和更稳健的风险控制。

6. 中国 AI 量化交易的独特机遇与挑战

在中国，随着监管环境的完善和数据基础设施的提升，AI 量化交易正在快速崛起。头部券商、私募基金和金融科技公司纷纷组建 AI 量化团队，积极探索大模型与量化交易策略的深度融合。与此同时，国内在中文金融文本处理、A 股市场微观结构建模等领域具有独特优势，但也面临数据孤岛、算力瓶颈、人才短缺等挑战。未来，随着国产大模型的突破和智能体技术的普及，中国有望在 AI 量化交易领域实现“弯道超车”。未来趋势与主要挑战的对比如表 1.11 所示。

表 1.11　未来趋势与主要挑战的对比

维　　度	未来趋势	主要挑战
智能化	AI 赋能策略创新，自动化水平提升	算法复杂、黑箱问题
监管	合规体系完善，市场秩序更规范	合规成本上升，策略受限
算力	云计算、芯片技术推动高频发展	算力消耗大，资源成本高
数据	多元数据源助力策略的多样性	数据稀缺、数据质量参差不齐
可解释性	模型透明度提升，增强信任	深度模型难以解释，风险加大

1.6　本章小结

本章系统梳理了量化交易的基础理念、适用领域、发展历程、主流策略类型以及未来趋势与挑战。随着智能化、监管加强、算力提升和数据多样化等变化，量化交易正面临着前所未有的机遇与挑战。未来，行业将更加注重模型创新、风险控制与合规发展，推动金融市场向更高效、更智能、更透明的方向演进。

思考与提问

你认为未来量化交易最大的突破口在哪里？是 AI 的进一步发展、算力和数据的极大丰富，还是监管与可解释性的创新？欢迎思考并与本书作者交流你的见解，交流方式见本书封底处的“读者服务”。

2 第2章 生成式AI入门简介

随着AI技术的飞速发展，生成式AI（Generative AI）正日益成为量化交易领域的核心驱动力。本章将带领读者系统性地了解生成式AI的基础原理、常见误区、高效使用方法及其在量化交易中的实际应用价值。通过对本章的学习，读者不仅能够建立起对大模型的正确认知，还能掌握与AI高效协作的实用技巧，为后续的量化交易策略开发与创新打下坚实基础。

首先，2.1节将深入剖析大模型的工作原理，帮助读者区分推理与非推理模型，理解能力分层与错觉认知等核心概念，破除对AI的神化和误解，明确其在量化交易领域的实际定位。2.2节将介绍提示词工程（Prompt Engineering）的艺术，详细讲解如何设计高效的提示词、不同类型的交互方式以及实战中常用的模板，帮助读者快速提升与AI沟通的能力。

接下来，2.3节推荐了当前主流的AI工具与平台，包括ChatGPT、DeepSeek、各类开源模型及数据插件，帮助读者降低技术门槛，轻松上手AI辅助的量化研究。2.4节则聚焦于AI如何改变学习与研究方式，展示AI在文献检索、写作、代码生成、公式推导等方面的强大辅助作用，助力读者重塑学习与创新的范式。

最后，2.5节将探索更高阶的AI应用，如智能体、模型微调、检索增强生成（Retrieval Augmented Generation，RAG）、多模态模型等前沿技术，拓展读者未来在量化交易领域的玩法和创新空间。

通过对本章的学习，读者能够建立对生成式AI的科学认知，掌握与AI高效协作的核心技能，熟悉主流的工具平台，并为未来深入探索AI在量化交易中的创新应用做好准备。希望本章能为读者打开 AI 量化交易世界的大门，激发更多的实践与思考。

2.1 初识大模型：常见误区与能力分级

本节将探讨大模型的基本原理，帮助读者理解推理模型与非推理模型之间的区别，以及能力分层和错觉认知等概念。通过破除对 AI 的神化，读者将能够明确 AI 在量化交易中的实际定位，避免在使用过程中产生误解。

2.1.1 传统误区：关于生成式 AI 的十大误区

生成式 AI 在近年来迅速崛起，成为科技领域的焦点。它以强大的语言生成能力和广泛的应用潜力吸引了无数人的关注。然而，随着热度的上升，围绕生成式 AI 也出现了许多误解和迷思。这些误解不仅影响了人们对生成式 AI 的正确认知，也可能导致在实际应用中出现偏差。下面将深入剖析关于生成式 AI 的十大常见误区，全面理解这一前沿技术的本质与局限。

误区一：生成式 AI 有数据库

误解：许多人认为生成式 AI 通过访问一个庞大的数据库来直接检索答案，就像一部庞大的百科全书。

真相：生成式 AI 并没有固定的数据库。它的回答并非基于已存储的现有信息，而是通过学习大量文本数据（如书籍、文章、对话记录等）来掌握语言规律，然后根据输入的提示生成答案。这种生成过程更像基于概率的预测，而非简单的检索。

举例：当你问生成式 AI“猫喜欢吃什么？”时，它会基于对大量文本中“猫”和“食物”相关的分析，推测出“鱼”是最可能的答案。它并没有一个专门存储“猫的食物”的数据库，而是通过对语言模式的统计推算得出结果。

误区二：生成式AI等同于搜索引擎

误解：很多人将生成式AI视为一种更高级的搜索引擎，认为它的工作方式与搜索引擎类似。

真相：生成式AI与搜索引擎有着本质的区别。搜索引擎更像一个“信息快递员”，它的任务是快速找到与用户查询最相关的现成答案；而生成式AI更像一个“创意作家”，它会根据用户的需求重新组合语言，生成全新的内容。

举例：如果你问搜索引擎“2024年的奥运会在哪儿举办？”，它会直接返回“巴黎”这一确切答案。而如果你问生成式AI“请用诗歌表达2024年奥运会的意义”，它可能会生成一首充满想象力的诗，例如“巴黎的街巷点燃希望，火炬在天空画出胜利的光芒。世界在赛场相拥，梦想无国界，共同飞翔。”

误区三：生成式AI记不住上下文

误解：有人认为生成式AI在对话中是“断片式”的，无法记住之前的对话内容。

真相：生成式AI在一个对话过程中可以“记住”上下文。它通过分析对话的上下文，保持回答的连贯性。虽然它并不真正理解上下文，但它的模拟效果非常接近人类的对话逻辑。

举例：当你告诉生成式AI“帮我写一篇关于‘宇宙探险’的作文开头”，它的回答可能是“在浩瀚的星空中，我们迈出了第一步，向未知的深处探寻人类的未来。”接着，如果你补充说“好感动！再加点儿幽默感行吗？”它可能会调整语气，回答：“在浩瀚的星空中，我们迈出了第一步，虽然第一步是绊倒了一颗小行星。”

误区四：生成式 AI 是“智能”的

误解：许多人认为生成式 AI 像人类一样拥有智慧，甚至具备情感和思想。

真相：生成式 AI 既没有情感，也没有思想。它的回答只基于语言规律的统计结果。虽然它的回答看起来“聪明”，但实际上是人类赋予了它“智能化”的解读。

举例：当你问生成式 AI“你会害怕吗？”它的回答可能是“我没有情感，但如果我的回答能帮到你，我很开心。”这段话看似贴心，但它只是根据“害怕”这个关键词生成了一段语法正确且符合语境的回答。

误区五：生成式 AI 内容 100% 正确

误解：有人认为生成式 AI 总是能提供准确的答案，不会出错。

真相：生成式 AI 的回答有时是“胡编乱造”的，尤其是在缺乏相关数据的情况下。它可能会生成看似合理但完全错误的内容。

举例：当你问生成式 AI“企鹅能飞吗？”它的回答可能是“企鹅在南极飞翔时，能用翅膀平稳滑行……”这显然是错误的，但这是它基于语言规律推测出的一个看似合理的答案。因此，在使用生成式 AI 时，我们需要保持批判性思维，验证其回答的准确性。

误区六：生成式 AI 能取代所有传统 AI 应用

误解：有人认为生成式 AI 如此强大，传统 AI 应用可以被完全取代。

真相：生成式 AI 虽然功能强大，但它并不能解决所有问题。传统 AI 更适合处理精准的预测任务（如天气预报、交通优化），而生成式 AI 更擅长生成创意内容或回答开放性问题。两者在不同的领域各有优势，互为补充。

举例：传统 AI 可以预测“明天某条高速公路会有多少辆车通行”，而生成式 AI 可以写一篇关于“未来交通工具畅想”的文章。

误区七：生成式 AI 能自主学习

误解：许多人认为生成式 AI 越用越聪明，可以不断进步。

真相：生成式 AI 的学习过程是在训练阶段完成的，一旦训练结束，模型就“定型”了。它无法像人类那样在日常使用中吸收新知识，必须通过重新训练才能更新知识。

举例：如果你今天告诉生成式 AI“AI 已经学会了唱歌和跳舞”，第二天再问它“AI 会唱歌和跳舞吗？”它可能仍然会回答“AI 还在开发唱歌和跳舞的能力”，因为它无法记住前一天的信息。

误区八：生成式 AI 无须人类监督

误解：有人认为生成式 AI 可以完全独立运行，不需要人类干预。

真相：生成式 AI 仍然需要人类监督。如果没有监管，它可能生成错误的、误导性的甚至危险的信息。

举例：有人用生成式 AI 生成食谱，结果它推荐了有毒的食材。这表明，在使用生成式 AI 时，我们必须保持警惕，避免其输出失控。

误区九：生成式 AI 更耗能

误解：许多人认为生成式 AI 的能耗远高于传统 AI，是“耗电巨兽”。

真相：生成式 AI 在训练阶段确实需要大量的算力，但一旦训练完成，那么其在使用阶段的能耗并不会比传统 AI 高，甚至可能更低。

> 举例：我们可以将生成式 AI 的训练阶段类比为建造一栋大楼，耗时耗力；其使用阶段则像我们住进了大楼里，日常开销并不高。

误区十：生成式 AI 无法解释其结果

误解：有人认为生成式 AI 的生成过程完全是黑箱操作，无法让人理解其依据。

真相：虽然生成式 AI 的工作机制复杂，但研究者可以通过技术手段在一定程度上解读它的生成逻辑，例如，分析哪些输入词对结果有影响，从而逐步提高其透明度。

> 举例：当生成式 AI 回答“企鹅能飞吗？”时，可能是因为它在训练数据中看到了“飞翔”和“企鹅”同时出现的句子。这种关联性可以通过技术手段分析出来。

※总结

生成式 AI 并不是一个“全知全能”的魔法师，而是一个功能强大但存在明显局限的工具。理解这些误区，有助于我们在实际应用中更好地利用生成式 AI，同时避免对其产生不切实际的期望。通过理性看待生成式 AI 的能力与局限，我们可以充分发挥其潜力，为生活和工作带来更多可能性。

2.1.2　核心区别：推理模型和非推理模型的区别

大模型主要分成两大类——推理模型和非推理模型， 二者的指数分析柱状图如图 2.1 所示。二者在使用上是有区别的。以 DeepSeek-R1 及其变体为代表的推理模型，通过内部多步推理过程（链式思维）解决复杂问题；而非推理模型更侧重于直接生成答案，依赖于模式匹配和数据关联。本节将从计算效率、适用场景、训练成本、生成质量等关键维度，对两类模型进行深入比较，并探讨其在实际应用中的优劣势。

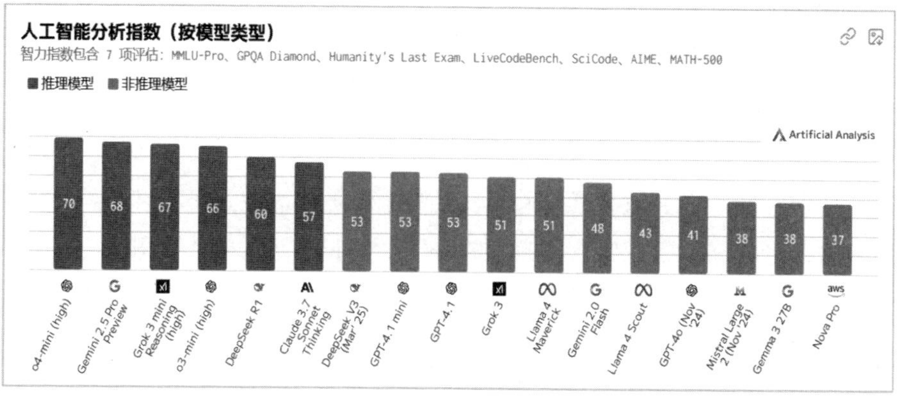

图 2.1　推理模型（如 GPT-4）和非推理模型的指数分析柱状图

如表 2.1 所示，对推理模型和非推理模型的优势和劣势进行对比，包含计算效率、适用场景、训练成本和生成质量等关键指标。

表 2.1　推理模型（如 GPT-4）和非推理模型的优势和劣势对比

对比维度	推理模型	非推理模型
计算效率	计算量大，推理过程复杂，单次响应时间长	计算量小，响应速度快，适合高并发场景
适用场景	适合多步逻辑推理任务，如数学推理、代码分析、复杂决策	适用于常规文本生成，如摘要、翻译、标准问答
训练成本	训练成本高，需要强化学习与额外数据优化	训练成本低，仅需基础的预训练与指令微调

续表

对比维度	推理模型	非推理模型
生成质量	对复杂问题的生成质量高，能提供逻辑支撑的答案	日常任务表现稳定，答案简明，但缺乏推理能力
扩展性	可通过增加推理深度提升能力，但多模态功能可能受限	适用于多任务、多模态拓展，功能丰富
可控性	具备自我调整能力，但思维过程不可见，透明度低	输出直接受控，透明性高，但缺乏自我纠正机制
泛化能力	更擅长处理陌生领域的问题，具备一定的创新解答能力	主要依赖训练数据，对陌生任务的泛化能力较弱

1. 计算效率：推理模型的性能权衡

推理模型的计算效率通常较低，主要原因是其需要进行多步推理，生成并评估大量中间步骤（隐含推理 Token）。这种复杂性增加了计算量，导致单次推理耗时更长、资源占用更高。例如，OpenAI 的 GPT-4 链式推理版（o1 模型）明确指出，若应用场景需要快速响应和高吞吐量，应优先选择标准 GPT-4 模型；而当任务需要深度推理且对响应时间要求较低时，o1 模型才是更合适的选择。

相比之下，非推理模型由于直接生成答案，无须冗长的思维链，因此响应速度更快、计算开销更低。这种效率优势使其在实时性或高并发场景中表现更佳。然而，推理模型为了实现更强大的推理能力，不得不牺牲部分性能和速度，这种权衡是其设计的核心逻辑。

2. 适用场景：复杂推理任务与常规任务的分工

推理模型在处理需要多步骤逻辑推导的复杂任务时表现出色。例如，数学计算、谜题推理、复杂编程问题以及需要综合信息推断的场景，都是其擅长的领域。现代高性能推理模型（如 GPT-4、o1 模型）能够逐步深入思考，最终得出可靠的答案，解决常规模型难以应对的问题。

非推理模型则更适合处理常规的文本生成任务，如自然语言回答、文章撰写、翻译、摘要和常识问答等。对这些标准化程度较高的任务，普通大模型不仅能够胜任，而且速度更快。值得注意的是，若在简单任务中强行使用推理模型，反而可能导致效率低下甚至错误率上升。研究显示，推理模型在总结、翻译等简单任务中并不总是必要的或高效的，因此在选择模型时需根据任务复杂度进行权衡。

3. 训练成本：推理模型的资源密集性

推理模型的训练成本显著高于非推理模型。其训练过程通常包括基础预训练和额外的强化学习或链式思维微调等步骤，这些步骤显著增加了算力消耗和时间成本。例如，OpenAI 的 o1 模型引入了专门的强化学习算法来优化思维链，其训练开销高达数千万美元。相比之下，非推理模型仅需常规的预训练和指令微调，训练成本较低。例如，某国产模型 DeepSeek-V3 的训练开销约为 500 万美元。

尽管如此，研究者仍在探索降低推理模型训练成本的方法。一种思路是采用纯强化学习或其他新型训练范式，减少对大规模人工标注数据的依赖。此外，架构创新（如稀疏专家模型）也有助于降低算力开销。相比之下，顶尖推理模型的训练仍属于资源密集型工程，远高于同规模的非推理模型。

4. 生成质量：复杂任务与简单任务的差异

在复杂任务中，推理模型的生成质量明显优于非推理模型。通过“分步思考”，推理模型能够提供更准确、逻辑性更强的答案。例如，针对数学文字题基准 GSM8K，在引入链式思维提示后，PaLM 模型的准确率从 17.9% 提升至 58.1%。相较于 GPT-3.5，GPT-4 在复杂推理和代码解释任务上的表现也有了质的飞跃。

然而，在简单任务中，推理模型和非推理模型的生成质量差异并不大，有时后者反而更为简单直接。非推理模型基于已有模式生成答案，通常能够快速满足翻译、摘要等需求。而推理模型可能因过度思考而导致冗长甚至错误的中间推论，这种现象被称为“过度思考引发的幻觉风险”。相比之下，非推理模型更依赖训练时学到的知识，虽然缺乏推理深度，但减少了无端猜测的可能性。

5. 其他关键指标：扩展性、可控性与泛化能力

（1）扩展性（Scalability）

推理模型在推理深度上具有可扩展性，即通过增加“思考时间”提升性能。然而，在功能扩展上，某些推理专用模型可能不支持多模态输入或特殊接口（如 OpenAI 的 o1 模型）。相比之下，非推理模型在多模态和多任务集成方面更具通用性，扩展性更强。

（2）可控性（Controllability）

推理模型的内部思维链为开发者提供了自我调节的抓手，如引入安全约束或政策合规。然而，这些链式推理过程对用户不可见，降低了透明度，提升了追查异常输出的难度。非推理模型由于没有显示中间步骤，因此行为更简单，更易通过规则或提示进行直接控制。

（3）泛化能力（Generalization）

推理模型在面对陌生领域或新颖问题时表现出了更强的泛化能力。通过逻辑推理，它们能够弥补模式匹配的不足，尝试创新解答。非推理模型则依赖训练数据中的模式，对分布外问题往往束手无策或产生偏离事实的回答。

※总结：模型选择的权衡策略

推理模型和非推理模型各有优劣。推理模型通过内部思考提升了复杂任务的表现，但在效率和成本上付出了代价；非推理模型在常规任务中表现稳定，但面对复杂的推理问题时力不从心。最新研究表明，对于多步推理问

题，推理模型能够显著提高质量回报；而简单任务则更适合使用轻量级模型。

在实际应用中，应根据需求进行权衡：若任务复杂且允许较高的计算开销，则推理模型是明智的选择；若更看重响应速度或资源受限，则非推理模型更具优势。最终，只有将两者结合，针对不同类型的任务调用最合适的模型，才能在性能与成本之间实现最佳平衡。这种策略不仅能最大化模型能力，还能推动 AI 技术在更多领域的应用与发展。

2.1.3　能力分级：大模型使用者的九大段位

大模型（如 ChatGPT、DeepSeek、豆包等）的使用能力，已成为从普通用户到企业机构共同关注的核心议题。大模型不仅是工具，更是新时代的“生产力革命”。为了帮助读者清晰认识自己的使用水平在哪个阶段，本节将结合表 2.2，从基础到高阶，系统解析大模型的使用能力段位，提供一个实用的进阶指南。

表 2.2　大模型使用者能力段位的全景认知

段位名称	关键能力描述
无畏玄铁	大模型 + 基础提示词
倔强青铜	大模型 + 优化提示词
秩序白银	大模型 + 优化提示词 + 公共数据
荣耀黄金	大模型 + 优化提示词 + 公共数据 + 私有数据
尊贵铂金	大模型 + 优化提示词 + 公共数据 + 私有数据 + 基础 RAG
永恒钻石	大模型 + 优化提示词 + 公共数据 + 私有数据 + 高级 RAG + 简单工作流
至尊星耀	大模型 + 优化提示词 + 公共数据 + 私有数据 + 高级 RAG + 复杂工作流
最强王者	微调大模型 + 优化提示词 + 公共数据 + 私有数据 + 高级 RAG + 复杂工作流
荣耀王者	定制预训练 + 微调大模型 + 优化提示词 + 公共数据 + 私有数据 + 高级 RAG + 复杂工作流

从表 2.2 来看，对大模型的使用能力分为九大段位，分别是：无畏玄铁、倔强青铜、秩序白银、荣耀黄金、尊贵铂金、永恒钻石、至尊星耀、最强王者、荣耀王者。这九大段位不仅象征着使用者掌握大模型的深度与广度，也代表了不同场景下大模型的可用能力。

各个段位的核心要素如下。

- 提示词的优化：能否精准编写引导模型生成优质输出的提示词。
- 数据的利用：能否结合公共数据与私有数据。
- RAG：是否具备检索增强生成能力。
- 工作流的复杂度：能否利用模型完成复杂的生产流程。

从“玄铁”到“王者”，是一个从“仅使用模型基础功能”到“深度定制、场景化应用”的能力跃迁过程。

1. 各段位能力详解

（1）无畏玄铁：入门级用户

特点：仅会基础操作，依赖默认功能。

适用场景：小型文字生成任务、简单问答。

提示词示例

> 用户输入“生成一份关于量化交易的入门指南”，大模型返回基础内容。若将输入优化为“生成一份 500 字的量化交易入门指南，需要包含核心概念、常用工具和风险控制方法”，则输出将更符合预期。

提升建议

- 学习提示词基础：了解如何通过调整输入语句来提升输出质量。例如，将模糊需求“分析市场趋势”改为“分析标普 500 指数未来一周的走势，并给出技术指标支持”。

- 熟悉模型边界：通过试错了解模型的强项（如逻辑推理）和弱项（如事实性错误），逐步建立对模型能力的认知。
- 利用模板工具：参考本书提供的提示词模板，快速上手复杂任务。

（2）倔强青铜：具备优化提示词的能力

特点：学会了优化提示词，能更精准地表达需求。

适用场景：稍复杂的策略设计、市场分析与知识输出。

技术要点

- 结构化需求表达：通过分层描述（目标+约束条件+风格）提升输出精准度。例如，明确需求为“生成一个基于动量指标的股票交易策略，包含入场条件、止损位和预期收益分析”。
- 迭代式优化：基于初次的输出结果，逐步调整提示词以接近最终需求。

提示词示例

初始提示：写一篇关于量化交易的文章。

优化提示：写一篇 1000 字的文章，标题为《量化交易如何提升投资效率》，需要包含策略原理、市场应用和风险管理，采用专业风格。

提升建议

- 练习拆解模糊需求：将“生成交易策略”拆解为具体参数（如策略类型、时间框架、风险控制）。
- 参考高分提示词案例：学习如何通过关键词组合引导模型生成高质量内容。例如，参考“生成一个基于 RSI 指标的日内交易策略，需包含数据回测结果和交易信号”。

从"无畏玄铁"到"倔强青铜"，用户逐渐掌握了如何通过优化提示词提升模型的输出质量，并开始将模型应用于稍复杂的量化交易场景。这种能力的提升不仅有助于生成更精准的市场分析结果和策略设计方案，也为更高阶的金融应用（如数据整合、复杂工作流设计）奠定了基础。

（3）秩序白银：结合公共数据能力

特点：能够调用并利用公共数据提升输出质量。

适用场景：科技趋势解读、数据驱动内容创作。

技术要点

- 数据接入方式：掌握 API 调用、公开数据库查询等基础技能。
- 事实性增强：通过引用权威数据源（如美联储报告、行业指数）提升内容的可信度。

提示词示例

> 用户需求：分析标普 500 指数未来一个月的动量趋势。
>
> 解决方案：通过调用 Yahoo Finance API 获取标普 500 的历史价格数据。

提升建议

- 学习使用数据清洗工具（如 Pandas），处理接入数据的噪声问题。
- 通过调用 Yahoo Finance API 获取标普 500 的历史价格数据，将数据以可视化形式呈现。

从"倔强青铜"到"秩序白银"，交易者学会了优化提示词以精准表达需求，并开始结合公共数据增强分析的深度和准确性。这种转变不仅提升了市场分析的质量，也为后续更复杂的数据驱动策略设计提供了必要的技术和经验。

（4）荣耀黄金：结合私有数据能力

特点：能够引入企业或用户私有数据，实现定制化程度更高的输出。

适用场景：投资组合管理、个性化交易策略。

技术要点

- 数据安全意识：理解如何在保护隐私的前提下合法使用私有数据。
- 多源数据融合：整合交易记录、投资组合数据等非结构化数据。

投资组合案例

整合交易记录、投资组合数据等非结构化数据，具体步骤如下。

- 使用 Python 脚本将 CSV 格式的交易数据转化为模型可读的 JSON 格式。
- 在提示词中明确数据约束：基于用户 A 的交易历史，推荐 3 只高潜力股票，并生成投资建议。

提升建议

- 学习数据标注工具（如 Label Studio），提升非结构化数据的可用性。
- 掌握企业级数据的合规要求（如 GDPR），避免法律风险。

从“秩序白银”到“荣耀黄金”，用户开始结合公共数据和私有数据，提升模型输出的精准度和实用性。通过数据的接入和处理，用户能够生成更具洞察力的市场分析和个性化交易策略，为更高阶的自动化交易流程铺平了道路。

（5）尊贵铂金：基础 RAG 能力

特点：引入了 RAG，实现动态数据调用。

适用场景：实时市场分析、交易信号的生成。

技术要点

- 检索流程设计：搭建“用户需求→关键词提取→数据检索→内容生成”的自动化管道。
- 多源验证机制：通过交叉比对多个数据源，避免信息偏差。

量化交易案例

需求：实时市场分析、交易信号生成，实现步骤如下。

- 使用自然语言处理工具从需求中提取关键词（如“美联储”“美元指数”“政策变化”）。
- 检索 Bloomberg 和 Reuters 的最新报道，提取核心信息。
- 模型整合信息，生成分析文章，并标注数据来源时间戳。

提升建议

- 引入向量数据库（如 Pinecone），提升检索效率。
- 学习如何通过提示词控制检索深度（如“仅使用 2024 年数据”）。

从“荣耀黄金”到“尊贵铂金”，用户通过整合私有数据和引入 RAG 技术，实现了从静态到动态的数据利用方式转变。这不仅提高了交易信号的实时性和准确性，也为构建更智能、更自动化的交易系统奠定了技术基础。

（6）永恒钻石：高级 RAG 与简单工作流

特点：能够构建简单的自动化工作流。

适用场景：交易信号的生成、投资组合监控。

技术要点

- 模块化任务拆解：将复杂流程拆分为“数据输入→模型处理→结果输出”三个模块。

- 工具链集成：结合自动化工具（如 Zapier、Make.com）实现跨平台协作。

量化交易案例

- 通过 API 接入实时市场数据。
- 模型调用历史数据，生成交易信号。
- 人类交易员通过 Slack 接收信号内容，最终执行交易。

提升建议

- 掌握低代码平台（如 Retool）的使用方法，快速搭建审核界面。
- 学习如何通过 Error Logging 优化工作流中的薄弱环节。

从“尊贵铂金”到“永恒钻石”，通过引入 RAG 技术和简单工作流，用户能够实时调用动态数据并自动化生成交易信号。这种能力的提升显著提高了交易效率，并为构建更复杂的智能交易系统提供了可能。

（7）至尊星耀：复杂工作流的设计能力

特点：能够构建复杂的自动化流程，满足高度专业化需求。

适用场景：跨市场协作、智能投资决策支持。

技术要点

- 多模型协同：整合具有不同专长的模型（如 GPT 用于策略描述，Gemini 用于数据可视化）。
- 条件分支设计：根据输入参数动态调整工作流路径（如“若数据异常，则触发风险预警”）。

企业级应用案例

某对冲基金搭建自动化投资组合风险报告系统，实现步骤如下。

- 每日凌晨通过 API 抓取全球市场数据。
- 用模型分析数据，并生成初版风险报告。
- 根据风险指标自动分发至不同的部门审核（高风险→风控组，常规风险→投资组）。

技术栈推荐

- 使用 Airflow 设计任务调度流程。
- 通过 Docker 容器化部署多模型环境。

从“永恒钻石”到“至尊星耀”，用户在复杂工作流设计方面取得了显著进步，能够构建多模块、条件分支的自动化流程。这种能力的提升极大地增强了交易系统的灵活性和响应速度，使用户能够在快速变化的市场中抓住更多机会。

（8）最强王者：微调大模型的能力

特点：能够微调模型，以适应特定场景。

适用场景：高频交易策略、风险预测模型。

技术要点

- 数据准备：收集领域内的标注数据（如 1000 条高频交易记录）。
- 模型训练：使用 Hugging Face 或 TensorFlow Fine-Tuning API 进行训练。
- 效果评估：通过领域专家标注的测试集验证模型的准确性。

量化交易案例

某量化基金微调模型优化股票交易信号，实现步骤如下。

- 在输入层加入金融术语词典，提升对专业词汇的识别率。

- 在提示词中明确约束，如“输出内容需符合量化交易标准”。
- 通过 AUC 指标对比微调前后的信号准确率提升幅度。

提升建议

- 微调需平衡“领域适配性”与“通用性”（过度拟合会导致泛化能力下降）。
- 学习如何通过 Learning Rate 调度来优化训练效率。

从“至尊星耀”到“最强王者”，用户构建起了复杂的自动化工作流，并通过微调模型适应特定的量化交易场景。这种能力使用户能够在高频交易和风险预测等高阶应用中实现策略优化和性能提升。

（9）荣耀王者：定制预训练与微调能力

特点：能够通过重新训练模型，创造全新的能力。

适用场景：企业级交易助手、领域知识图谱的构建。

技术要点

- 从零训练：掌握如何设计模型架构（如选择 Transformer 模型的层数）。
- 知识蒸馏：将大型通用模型的能力迁移到轻量级的企业模型中。

量化交易案例

某高频交易公司开发智能交易助手，实现步骤如下。

- 使用 PyTorch 从底层构建适配高频交易的 Transformer 模型。
- 通过对比学习，将 GPT-4 的通用语言能力迁移到交易领域。
- 部署至内部系统后，模型可自动标注交易风险并生成优化建议。

提升建议

- 探索多模态融合（如结合文本与图表数据，提升对复杂任务的处理能力）。

- 研究如何通过联邦学习，在保护数据隐私的前提下实现跨企业模型协作。

在“荣耀王者”阶段，用户通过定制预训练和微调模型，创造出了全新的量化交易能力。这一阶段代表了量化交易与AI技术结合的巅峰，使用户能够在竞争激烈的金融市场中具备真正的差异化优势。

通过详细解析以上九大段位，读者可以清晰地看到从“会用模型”到“用好模型”的进阶路径。每个阶段的突破都依赖于对核心能力（如提示词工程、数据管理、工作流设计、模型调优）的持续深耕。

2. 如何迈向高阶段位

（1）深入学习提示词工程

提示词是大模型的核心入口，高阶用户往往能够将需求抽象成最简明的语言逻辑，让模型快速响应，示例如下。

- 针对市场分析，明确需求，如“结合历史价格数据，输出一份对比动量策略与均值回归策略在当前市场环境下的表现分析”。
- 针对交易信号的生成，如“生成一个基于MACD指标的交易信号，目标资产为标普500指数，包含入场点、止损位和预期收益”。

（2）学会数据管理与整合

在量化交易中，将大模型与公共数据、私有数据结合是提升策略有效性的关键。交易者需要掌握数据管理工具，如API调用（如Yahoo Finance、Bloomberg）、数据库管理（如SQL、MongoDB）等。利用这些技术，可以在生成策略时融入更真实、动态的市场数据，从而提高预测的准确性。

（3）搭建工作流与应用场景

通过学习自动化工具（如Zapier、Python、Airflow等），建立“模型生成交易信号→风险评估→执行交易”的完整流程。例如，使用 Python 脚本，结合 API 获取实时市场数据，通过模型生成交易信号，再利用 Zapier 将信号发送至交易执行平台。

※总结：AI 时代，段位决定效率与价值

从“无畏玄铁”到“荣耀王者”，每个段位都标志着量化交易者能力的显著提升。对于金融行业的从业者而言，掌握从提示词优化到复杂工作流设计，再到模型微调的技能，不仅是提升交易效率的关键，而且是拓展职业发展路径的核心竞争力。未来，大模型在量化交易中的潜力远不止策略生成或风险评估。作为 AI 技术的用户，我们需要不断提升段位，发掘技术在金融市场中的更多可能性，以在竞争激烈的量化投资领域脱颖而出。

2.2　提示词工程：与大模型有效沟通的艺术

在与大模型互动时，提示词的设计至关重要。本节将介绍提示词的构造方法、不同类型的提示词技巧以及实战模板，帮助读者有效地与大模型沟通。这一技能将极大提升读者的量化交易策略开发效率，更精准地获取所需的信息和支持。

2.2.1　主要框架：如何高效构建提示词

提示词（Prompt）是使用者与大模型交互的核心工具。一段精心设计的提示词，不仅能帮助大模型准确理解交易策略需求，还能显著提升输出质量，降低计算资源消耗，优化交易执行效率。本节将从多个维度深入剖析提示词工程在量化交易中的应用，结合真实案例，手把手教你如何高效设计提示词，让大模型成为你的量化交易助手。

提示词工程在量化交易中的关键作用如下。

（1）精准化任务理解与策略执行

优秀的提示词设计能够帮助大模型快速抓住量化交易策略的核心要点，避免因模糊不清的指令导致的误解或低效输出。例如，在设计趋势跟踪策略时，模糊的提示可能让大模型输出浅显宽泛的分析，而优化后的提示能引导大模型生成符合特定场景需求的策略。

示例对比

初始提示：请设计一个量化交易策略。

优化提示：请基于 MACD 指标，设计一个趋势跟踪策略，使用 Python 代码，适用于沪深 300 指数日线数据，回测周期为 2020—2023 年，输出策略的胜率、最大回撤和夏普比率。

（2）降低资源消耗与交易成本

大模型的运行依赖 Token（生成内容的基本单位），而冗长或模糊的提示会浪费大量 Token，增加计算成本。通过精准设计提示词，可以显著减少 Token 的使用量，提升交互效率。

示例对比

初始提示：请分析量化交易策略的风险。

优化提示：请用不超过 150 字，分析基于均值回归的量化交易策略在高波动市场中的风险点，并提出优化建议。

（3）确保交易逻辑的连贯性

在复杂的交易策略中，提示词的设计会直接影响大模型对上下文的理解能力。清晰的提示词能够帮助大模型保持逻辑一致性，避免输出内容混乱或偏离主题。

示例对比

初始提示：请优化量化交易策略。

优化提示：请基于当前的均值回归策略，分析其在 2023 年市场环境中的表现，并提出具体的参数优化方案，确保逻辑连贯。

1. 与量化交易模型高效交互的黄金法则

（1）分步输出复杂策略

一次性生成复杂策略可能导致大模型输出的内容质量下降或遗漏关键信息。将任务拆分为多个步骤，逐步引导大模型完成，能够显著提升输出效果。

示例

任务：设计一个套利策略。

提示：先生成策略的大纲，再逐项细化具体内容，包括数据输入、信号生成、执行逻辑和风险控制。

（2）利用符号提升信息的结构化程度

通过标点、换行或编号等符号，可以清晰地分隔任务信息，帮助大模型更快地理解指令。

示例对比

初始提示：请设计一个量化交易策略，涵盖数据输入、信号生成和执行逻辑。

优化提示：分三部分设计量化交易策略。1. 数据输入与预处理；2. 信号生成逻辑；3. 执行与风险管理。

（3）提供示例以加速大模型理解

在复杂任务中，提供清晰的示例能够快速传递你的意图，帮助大模型更好地完成任务。

示例

提示：以下是任务示例，基于 RSI 指标设计一个超买超卖策略。按照此格式完成任务。（任务示例：略。）

（4）拆解复杂任务为子步骤

将复杂任务拆解为多个子步骤，能够引导大模型逐步完成任务，避免因任务过于复杂而导致输出内容质量下降。

示例对比

初始提示：请设计一个量化交易策略。

优化提示：第一步，定义策略的目标和适用市场；第二步，选择技术指标并设定参数；第三步，设计信号的生成逻辑；第四步，优化风险控制规则。

（5）明确输出内容的限制条件

在提示中加入字数、格式、风格等限制条件，能够确保大模型输出的内容更符合你的期望。

示例

提示：请以表格形式输出量化交易策略的回测结果，包括日期、收益率、最大回撤和夏普比率，字数不超过 300 字。

2. 提示词工程核心框架在量化交易中的应用

（1）CRISPE 框架：全面设计提示词

CRISPE 框架通过 5 个关键要素，帮助用户设计出清晰且信息完整的提示词。

- 能力和角色（Capacity and Role）：明确大模型的角色，如策略设计师、风险分析师或数据处理专家。

```
作为量化交易策略设计师，请为我优化一个均值回归策略。
```

- 见解（Insight）：提供任务的背景信息，帮助大模型理解情境。

```
该策略将应用于商品期货市场，目标是捕捉短期价格波动。
```

- 声明（Statement）：直接说明具体的任务内容。

```
优化策略的入场和出场信号，提升胜率。
```

- 个性（Personality）：设定输出风格，如简洁、详细或技术性强。

```
请用简洁且专业的语言输出。
```

- 实验（Experiment）：提供多个输出方案供选择或优化。

```
请为以下任务生成 3 个版本的优化方案。
```

（2）BROKE 框架：以目标为导向的任务设计

BROKE 框架专注于任务的目标和关键结果，特别适合需要明确产出的场景。

- 背景（Background）：

你正在为一家量化基金设计一个高频交易策略。

- 角色（Role）：

请作为高频交易策略专家，提供专业建议。

- 目标（Objective）：

设计一个高频交易策略，目标是捕捉市场微观结构中的套利机会。

- 关键结果（Key Result）：

策略需包含具体的信号生成逻辑、执行规则，并用历史数据验证其有效性。

- 改进（Evolve）：

在初稿后提供 3 种优化方法，如调整参数、补充过滤条件或重新设计风险控制。

（3）ICIO 框架：结构化提示词设计工具

ICIO 框架通过 4 个步骤，帮助用户快速设计出结构化提示词。

- 说明（Instruction）：明确大模型需要完成的具体任务。

设计一个基于动量效应的量化交易策略。

- 背景（Context）：提供任务的背景信息。

该策略将应用于股票市场，目标是捕捉中短期趋势。

- 输入数据（Input Data）：指定需要处理的具体内容。

> 以下是沪深 300 指数的历史价格数据……

- 输出指示（Output Indicator）：设定具体的输出要求。

> 以表格形式输出策略的回测结果，包括日期、收益率、最大回撤和夏普比率。

3. 思维链技术：引导 AI 深度推理

思维链（Chain-of-Thought，CoT）是一种引导大模型逐步推理的技术，尤其在复杂任务中效果显著。

（1）Few-Shot CoT：示例引导推理

通过提供少量示例，展示如何一步步推导答案，帮助大模型理解任务的逻辑。

> **示例**
>
> 问题：如何基于布林带设计一个均值回归策略？
>
> 提示：1.计算布林带的上轨和下轨；2.当价格触及上轨时做空，触及下轨时做多；3.设置止损位为 2%的最大回撤。

（2）Zero-Shot CoT：触发大模型自主推理

仅通过增加一句提示“让我们一步步思考”，即可显著提升复杂任务的输出质量。

> **示例**
>
> 问题：如何优化基于 RSI 指标的超买超卖策略？
>
> 提示：让我们一步步思考。

输出：1. 分析 RSI 指标的超买超卖阈值；2. 结合移动平均线优化生成的信号；3. 通过历史数据回测验证优化效果。

4. 实战案例：提示词工程在量化交易中的应用

（1）案例一：设计量化交易策略

任务：设计一个基于动量效应的量化交易策略，适用于股票市场。

提示（基于 CRISPE 框架）

能力和角色：请作为量化交易策略设计师。

见解：该策略将应用于捕捉中短期趋势，目标是提高胜率和风险调整后的收益。

声明：设计策略的信号生成逻辑，包括入场和出场条件。

个性：语言简洁专业，适合量化交易员阅读。

实验：包含信号生成逻辑、回测结果和优化建议，并提供一个策略名称。

（2）案例二：复杂策略拆解与分析

任务：分析“量化交易策略在高波动市场中的表现”。

提示（基于思维链技术）

请逐步分析量化交易策略在高波动市场中的以下问题：1. 主要风险点；2. 优化方向；3. 具体改进措施。请分别用少于 150 字回答每个问题，并总结观点。

※总结：掌握提示词工程，优化量化交易

掌握提示词工程不仅是高效使用大模型的核心技能，更是量化交易员与大模型交互的关键能力。无论是通过 CRISPE、BROKE、ICIO 框架设计

提示词，还是利用思维链技术引导大模型推理，都能帮助你创造出更精准、更高质量的交互体验。

2.2.2　突破技巧：利用搜索引擎的高级技巧，提升使用精度

在信息爆炸时代，搜索引擎已成为我们获取知识、解决问题的重要工具。在大模型出现后，很多人把大模型当成搜索引擎使用，搜索引擎的使用技巧仍然对使用大模型有着极大帮助。深入剖析搜索引擎的高级语法和技巧，是提升提示词设计能力的另一扇窗。

1. 为什么需要搜索引擎的高级技巧

在日常搜索时，搜索引擎的默认排序机制往往优先展示广告、热门推荐或泛泛的内容，而非我们真正需要的精准信息。这种局限性使我们不得不花费大量的时间筛选和甄别结果。通过学习高级搜索技巧，我们可以实现以下目标。

- 精准定位目标内容：通过特定的符号和语法，排除无关信息，直接获取所需内容。
- 节省搜索时间：用更少的关键词获得更精准的结果，避免无效浏览。
- 高效过滤广告：减少广告干扰，专注于有价值的信息。

2. 搜索引擎的高级语法与技巧详解

以下是在主流的搜索引擎（如 Google、百度、必应等）中常用的高级语法和技巧，这些方法能显著提升搜索效率。

（1）关键词控制类

- +（加号）：强制包含某个关键词。

示例：AI +深度学习

效果：确保搜索结果中一定包含“深度学习”这个关键词。

- -（减号）：排除包含某个关键词的结果。

示例：AI −李彦宏

效果：过滤掉所有与“李彦宏”有关的内容。

案例：在搜索“AI”时，结果中出现了大量与李彦宏有关的内容，在添加“−李彦宏”后，搜索结果从 54000 条减少到 30700 条，剔除约 43%的内容。

- |（竖线或 OR）：并行搜索，匹配任意一个关键词。

示例：手机 | 电脑

效果：搜索结果中同时包含“手机”或“电脑”的相关信息。

- "（引号）：精确匹配短语或词组。

示例：深度学习算法

效果：只展示包含“深度学习算法”这个完整短语的搜索结果。

（2）内容定位类

- site：限制在特定网站内搜索。

示例：site:baidu.com 人工智能

效果：只在百度网站中搜索“人工智能”相关内容。

案例：查找清华大学官网的招生信息，输入“site:tsinghua. edu.cn 招生简章”，结果精准显示清华大学官网页面。

- filetype：搜索特定格式的文件。

> 示例：**AI filetype:pdf**
>
> 效果：只显示 PDF 文件，避免杂乱的网页内容。
>
> 案例：下载《诡秘之主》的 PDF，输入"诡秘之主 filetype:pdf"，广告大幅减少；查找大学物理课件，输入"大学物理 filetype:ppt"。

- intitle：搜索网页标题中包含指定关键词的页面。

> 示例：**intitle:AI 技术**
>
> 效果：只展示标题中包含"AI 技术"的页面。

- inurl：搜索 URL 中包含关键词的页面。

> 示例：**inurl:AI 技术**
>
> 效果：只展示 URL 中带有"AI 技术"的页面。

（3）扩展与辅助类

- related：查找与某个网站类似的网站。

> 示例：**related:baidu.com**
>
> 效果：找到与百度类似的网站，如其他搜索引擎或科技资讯类网站。

- cache：查看网页的缓存版本。

> 示例：**cache:baidu.com**
>
> 效果：当网页已被删除或无法访问时，仍可通过缓存查看内容。

- define：查找单词或短语的定义（Google 特有）。

示例：**define:AI**

效果：直接给出“AI”的定义和相关背景信息。

3. 高级搜索技巧的实际应用场景

（1）查找学术资料

作为学生或研究者，查找论文的 PDF 文件是常见需求。例如，输入“机器学习 filetype:pdf”，可以快速定位与机器学习有关的 PDF 文件，节省大量的时间。

（2）企业竞争形势分析

在商业领域，了解竞争对手的动态至关重要。例如，输入“site:competitor.com 技术公告”，可直接定位到竞争对手官网的技术公告内容，无须手动查找。

（3）资源下载与内容获取

无论是小说、课件还是其他资源，高级搜索技巧都能帮助你避开广告干扰。例如，输入“书名 filetype:pdf”或“关键词 filetype:ppt”，能够快速找到目标资源。

4. 开启高效工作与学习的钥匙

掌握这些高级搜索技巧，是信息时代的必备素养。通过自定义搜索结果、过滤无关信息，我们能显著提升获取信息的效率。以下是几点实用建议。

- 灵活组合语法：根据需求组合不同的语法，例如“site:example.comAIfiletype:pdf”，可同时限定网站和文件类型。
- 注意搜索引擎的差异：虽然主流搜索引擎的语法类似，但部分功能可能略有不同。

- 持续实践与优化：通过不断尝试，找到最适合自己的搜索方法。

5. 转化示例

假设你在使用大模型进行数据分析或者内容生成，那么可以通过在提示词中设定明确的范围来获得更精准的答案。类似于搜索引擎中的“site:”，你可以给大模型设定上下文或特定领域，让它聚焦在某一范围内生成答案。

> **示例：在金融领域，人工智能如何影响投资决策？请只关注量化交易方面的应用。**
>
> 解释：这就像告诉大模型你只希望它从量化交易的角度生成回答，而不是涵盖整个金融行业。类似于搜索引擎中的 site:语法，它帮助你限定了模型关注的领域，从而得到更相关的答案。

与搜索引擎语法类比，如“搜索引擎：site:baidu.com 人工智能”。这限制了搜索结果仅来自百度网站中关于“人工智能”的内容。

在提示词中指定“只关注量化交易应用”，这限制了大模型的生成内容仅聚焦于量化交易领域，排除了其他领域的内容。通过使用这样的技巧，既可以提升搜索引擎的搜索效率，也能帮助大模型更好地理解任务需求，并生成更符合用户期望的结果。

总之，在对大模型使用提示词时，这些简化的高级搜索技巧仍然适用，并且会提升效率。

2.2.3 能力进阶：系统提示词与用户提示词的使用指南

如何精准控制模型的行为、清晰理解不同提示词的作用机制，已成为 AI 应用开发的重要研究领域和实际挑战。系统提示词与用户提示词作为模型交互中的两种核心指令形式，在设计目标、应用范围、实际功能及操作方式等方面具有显著差异。本节将深入剖析系统提示词与用户提示词的概念、功能特点、核心区别，以及在量化交易与策略投资领域的实际应用场景，旨在帮助开发者与普通用户更高效、更安全、更灵活地使用和驾驭大模型。

1. 系统提示词

（1）定义与特点

系统提示词（System Prompt）是一种底层的、长期稳定的指令集合，通常由模型开发者、技术团队或管理员设计和设定，旨在规范模型的核心行为、价值取向和响应边界。系统提示词对模型的整体行为模式具有深远影响，通常在预训练或微调过程中嵌入，以实现长期稳定的效果。

系统提示词的核心在于决定模型的全局行为规范，包括模型的角色定位、知识限制、表达风格及伦理约束。其主要特点如下。

- 对模型行为进行长期性、全局性控制。
- 明确知识边界，如限制模型对未来未知市场事件的回应。
- 固化回复风格，如严谨的量化分析风格或简洁的投资建议风格。
- 嵌入安全防范机制，避免输出敏感内容或偏见。

（2）主要功能

系统提示词通常承担以下主要功能。

- 角色预设：定义模型的身份与定位，比如“你是一个专业的量化交易策略分析师”。
- 行为约束：明确模型输出内容应遵循的规则和原则，如“仅基于历史数据和统计规律，不进行主观预测”。
- 伦理安全：内置伦理限制，防止模型输出高风险或不当的投资建议。

（3）技术实现

系统提示词一般通过技术方式实现，包括模型参数的调整、训练数据的筛选与预处理、微调等专业技术操作，普通用户难以直接修改。

2. 用户提示词

（1）定义与特点

用户提示词（User Prompt）是用户或应用开发者在单次交互过程中输入的即时性指令，目的是明确模型当次的具体任务及其完成方式。用户提示词直接影响当前的单次交互，具备极高的即时性与灵活性。

用户提示词具有明显的即时交互特征，用户输入此类提示词，可直接推动模型完成特定的任务。其主要特点如下。

- 局部性，只在当前交互中生效。
- 用户可随时调整和优化，适应各种需求。
- 提供丰富的上下文细节，有助于模型更准确地理解用户意图。

（2）主要功能

用户提示词的主要功能如下。

- 明确任务：直接具体告知模型需完成的任务，比如“计算某只股票的夏普比率”。
- 上下文增强：为模型提供必要的背景或额外资料，降低发生误解的可能性。
- 技巧性优化：利用技巧（如思维链或提供 Few-Shot 示例），引导模型提高输出质量。

（3）应用方式

用户提示词简单直接，通过自然语言输入即可实现即时控制和效果调整，用户直接可见且易于修改。

3. 系统提示词与用户提示词的关键差异详解

虽然系统提示词与用户提示词均用于指导模型行为，但二者在本质上具有显著的差异。具体对比如表 2.3 所示。

表 2.3 系统提示词与用户提示词对比

维　　度	系统提示词	用户提示词
作用范围	全局性，长期持续影响	局部性，仅影响当前交互
修改权限	技术团队、开发人员	用户直接、即时可调整
目标定位	定义模型的整体行为边界	解决具体问题，完成任务
可见性	用户一般不可见	用户直接可见且控制
操作复杂性	较复杂，需要技术干预	极为简单，自然语言输入

例如，系统提示词设定模型身份为“量化交易策略分析师”，而用户提示词可能会询问“如何优化某股票的交易参数”，前者决定模型的整体角色，后者则是对具体问题的回应。

4. 实际应用场景深入分析

（1）系统提示词应用实例

- 量化交易系统：设定“严格遵循风险控制规则，不允许超过最大回撤限制”，确保交易策略的稳定性和安全性。
- 投资组合优化工具：强制规定“输出的资产配置方案需符合现代投资组合理论”，保障投资决策的科学性。
- 市场预测模型：设定模型以“基于历史数据的统计规律”输出预测结果，保证预测结果的客观性和可靠性。

（2）用户提示词应用实例

- 交易信号生成工具：用户可直接要求“根据某股票的移动平均线生成交易信号”，模型即时完成。

- 量化交易策略报告生成工具：用户指定风格，如“以专业的量化分析风格生成某策略的绩效评估报告”，引导模型展示专业能力。

5. 动态协同与安全冲突的深入探讨

系统提示词与用户提示词在实际应用中互补协同，又彼此制约。

- 动态协同：系统提示词提供基础设定，用户提示词则在此基础上灵活调整与扩展。
- 安全冲突处理：当用户提示词违反系统设定的伦理或安全规则时，模型优先遵循系统提示词，自动调整或拒绝输出不当内容，确保整体交互安全。

6. 提示优化策略与技巧

开发者需精准设计系统提示词，以保障模型行为稳定与安全，普通用户则通过掌握提示词设计技巧（如细致提供上下文、明确目标、利用 Few-Shot 示例或思维链技术）提高模型的响应精确度与效率。

未来，提示词的发展将更加精细化、动态化、智能化。系统提示词可能具备动态调整的能力，实时适应市场变化和用户需求；用户提示词则可能更加智能化，仅需简单指令即可高效地完成复杂任务。

深入理解系统提示词与用户提示词的本质差异及协作关系，对于高效、安全地发挥大模型在量化交易与策略投资领域的潜力具有关键意义。随着技术的持续演进，提示系统将不断优化，拓展 AI 技术在金融领域应用的新边界。

2.3 工具与平台推荐

在 AI 赋能量化交易的背景下，选择合适的 AI 工具和平台，是每一位量化研究者、开发者和投资者迈向智能化实践的第一步。本节将系统梳理当前主流的生成式 AI 工具，包括 ChatGPT、DeepSeek、开源大模型，以及与量化研究密切相关的数据插件和辅助平台。通过对这些工具进行介绍、对比与应用案例分析，快速降低 AI 工具的使用门槛，帮助读者轻松上手由 AI 辅助的量化研究与策略开发。

2.3.1 国外平台：ChatGPT，大模型的世界起源

作为 OpenAI 推出的生成式对话大模型，ChatGPT 已经成为 AI 领域的标杆产品。其具备强大的自然语言理解与生成能力，不仅能回答各类问题，还能辅助代码编写、策略设计、数据分析等量化研究任务。

1. ChatGPT 的主要特性

- 多轮对话：支持连续、上下文相关的交流，便于深入探讨复杂问题。
- 代码能力：能够理解、生成、优化 Python、R、C++等主流量化编程语言代码，甚至可以协助调试和解释错误。
- 数据分析：可辅助数据清洗、特征工程、建模、回测等全流程，极大提升量化交易策略的开发效率。
- 多领域知识：内置大量金融、统计、机器学习等领域知识，能够为量化交易策略提供理论支持。

2. ChatGPT 在量化领域的应用

- 策略头脑风暴：与 AI 对话，激发创新策略思路。
- 代码生成与优化：根据自然语言描述生成策略代码，或针对现有代码提出优化建议。
- 文档与报告撰写：自动生成策略说明、回测报告等文档，提升沟通效率。

- 数据查询与解释：快速查询金融术语、指标含义、统计方法等。

3. ChatGPT 的使用建议

- 明确问题、分步提问，提升交互效率。
- 善用代码块、数据表等功能，便于结构化输出。
- 注意数据隐私与安全，避免上传敏感信息。

2.3.2　国产之光：DeepSeek，国产大模型的骄傲

DeepSeek 是由国内技术团队推出的高性能大模型，专为中文场景优化，支持多模态输入（如文本、图片等），其在金融量化领域的表现尤为突出。

1. DeepSeek 的核心优势

- 中文理解与生成能力强，适合处理中文金融数据、报告及策略。
- 支持多模态输入，便于处理 K 线图、财报图片等多元数据。
- 开放 API 与本地部署，满足不同企业和个人的定制化需求。

2. DeepSeek 在量化领域的应用

- 金融新闻摘要与情感分析：自动提取新闻要点，分析市场情绪。
- 多模态数据整合：结合文本与图像数据，提升因子挖掘与风险预警能力。
- 策略自动化生成：根据自然语言描述，自动生成量化交易策略代码。

3. DeepSeek 的使用建议

- 结合自身数据环境，选择云端 API 或本地部署版本。
- 善用多模态能力，提升数据利用率。

- 关注社区资源，及时获取最新的模型与工具。

2.3.3 开源模型：那些灵活可控的 AI 引擎

开源大模型（如 LLaMA、ChatGLM、BLOOM 等）为量化研究者提供了更高的灵活性和可控性，尤其适合有定制化需求的团队和个人。

1. 主流开源模型介绍

- LLaMA：由 Meta 开发，参数规模大，性能优异，支持多语言，适合大规模数据处理。
- ChatGLM：由清华和智谱 AI 开发，专为中文优化，开源友好，易于本地部署和微调。
- BLOOM：由 BigScience 开发，多语言支持，社区活跃，适合跨国金融数据分析。

2. 开源模型的优势与挑战

优势：

- 可本地部署，数据隐私有保障。
- 支持模型微调，适应特定的量化场景。
- 社区资源丰富，便于二次开发。

挑战：

- 部署与维护门槛较高，对硬件和技术有一定的要求。
- 需要自行处理模型的更新与优化。

3. 开源模型的量化实践路径

- 利用开源模型进行金融文本分析、因子挖掘、自动化报告生成等。

- 结合自有数据进行微调，提升模型在特定策略上的表现。
- 借助社区工具（如 LangChain、Transformer 等）加速开发流程。

2.3.4 量化 AI：大模型与量化交易的数据插件与辅助平台

大模型的强大能力离不开高质量数据的支撑。数据插件与辅助平台为量化研究者提供了便捷的数据获取、处理与分析工具，是 AI 量化实践不可或缺的部分。

1. 主流数据插件与平台

- 金融数据 API：如聚宽（JoinQuant）、米筐（RiceQuant）、Tushare 等，提供 A 股、美股、期货等多个市场数据接口，支持历史行情、财报、因子等多类数据。
- 数据清洗与处理工具：如 Pandas、Polars 等高效数据分析库，支持大数据量的处理与特征工程。
- 可视化插件：如 Matplotlib、Plotly、ECharts 等，便于策略回测结果和市场数据的可视化展示。
- 量化回测平台：如 Backtrader、QuantConnect、vn.py 等，提供集成数据、策略开发、回测与实盘功能。

2. 数据插件与 AI 的结合方式

- 自动化数据采集与预处理：通过 API 插件自动获取数据，并用大模型进行异常检测、缺失值填补等预处理。
- 智能特征工程：利用大模型辅助因子生成、特征选择，提高策略的研发效率。
- 数据可视化与解释：结合大模型生成的图表与文字说明，提升策略报告的可读性与说服力。

3. 实战案例：AI 驱动的量化数据分析流程

1. 结合 ChatGPT 与 Tushare，自动化完成数据下载、清洗、分析与策略生成。

2. 利用 DeepSeek 对财经新闻进行情感分析，结合行情数据挖掘市场异动因子。

3. 基于开源模型和 Backtrader，实现策略的自动化开发与回测。

2.3.5 国内生态：中国量化平台生态与未来发展

随着 AI 技术的迅猛发展，量化投资领域正在经历一场深刻的变革。国内量化平台生态正逐步形成“工具+平台+社区”的闭环，推动投资决策的智能化与民主化。

1. 工具层：AI 赋能量化交易策略

国内量化平台（如聚宽、米筐等）已将 AI 技术深度融入策略开发与回测流程。AI 助手的引入，使策略的构建不再仅依赖传统的统计方法，而是能够结合机器学习模型，提升策略的预测能力和适应性。

2. 平台层：算力与模型服务的整合

云服务平台（如阿里云、腾讯云等）提供强大的 AI 算力支持，满足量化平台对计算资源的需求。同时，平台方也在积极布局自研模型，如阿里巴巴的 Qwen2.5 模型进一步提升了量化平台的智能化水平。

3. 社区层：开源与共享的繁荣

GitHub、Hugging Face 等开源社区，汇聚了大量的 AI 工具与量化资源。国内也涌现出如 DeepSeek 等开源项目，推动了技术的普及与创新。社区的繁荣不仅降低了技术门槛，也促进了生态的良性循环。

4. 未来展望：大模型与多模态相融合

随着大模型技术的不断进步，量化平台将更加智能化、自动化和个性化。多模态能力的引入，使平台能够处理更复杂的数据类型，如图像、语音等，拓宽了策略的应用场景。未来，无论是个人投资者还是专业机构，都能借助 AI 工具实现策略创新、风险控制和投资决策的智能升级。

2.3.6　选型建议：从简单到复杂

面对丰富的 AI 工具与平台，如何选择最适合自己的实践路径？下面提供几点参考建议。

1. 明确需求：根据目标和能力选择工具

量化投资的研究目标千差万别，投资者在选择 AI 工具时，首先应明确自己的需求。这包括量化研究的目标、所需的数据类型，以及个人的技术能力。例如，有些投资者专注于高频交易，可能需要强大的数据处理能力和快速执行策略的工具；有些投资者则关注长线投资或因子投资，可能更看重策略的稳定性与回测能力。因此，在选择 AI 工具时，投资者需要根据自身的研究目标，评估工具的功能和适用场景，避免盲目跟风。

2. 先易后难：逐步过渡

对于刚接触量化投资的初学者而言，建议从易用型产品入手，如 ChatGPT、DeepSeek 等。这些平台通常提供直观的操作界面和集成化的功能，没有编程基础的投资者也能轻松上手。初学者可以利用这些工具对基础的量化交易策略进行构建与回测，熟悉量化投资的基本流程。在具备一定的量化研究能力后，再逐步过渡到更复杂的工具和平台，如开源的量化框架（如 Zipline、Backtrader 等）或者本地部署的大模型，这些工具的使用难度较高，但也能提供更多的灵活性和定制化功能。

3. 注重数据：数据为大模型提供支撑

大模型的核心在于数据，量化投资的成功离不开高质量的数据支持。因此，投资者在选择 AI 工具时，必须关注数据的质量和获取途径。当前市场上有很多平台提供数据插件与 API 接口，投资者可以根据自己的需求选择合适的数据源。例如，米筐、聚宽等平台提供了丰富的金融数据，包括股票、期货、外汇等多种资产的数据，同时支持实时数据流和历史数据回测。数据源的稳定性和准确性直接影响了大模型的表现，因此投资者要注重数据的完整性、可靠性和及时性，确保大模型能够获得有效的训练数据。

4. 善用社区：获取最新的工具与技术支持

AI 与量化投资的领域都发展迅速，很多创新工具和技术往往在开源社区中首先得到应用。投资者应积极参与 AI 与量化投资社区，获取最新的工具、技术案例和技术支持。平台（如 GitHub、Hugging Face、知乎等）汇聚了大量的开源项目和行业讨论，投资者可以通过社区学习最新的量化投资策略和 AI 应用，借鉴他人的成功经验，避免走弯路。参与社区不仅有助于量化投资者提升技术能力，也能够为量化投资者提供新的思路与灵感。

5. 持续学习：跟上技术的更新与演进

AI 技术和量化投资的工具与平台都在不断演进，因此投资者需要保持持续学习的态度，跟进行业的新动态和技术进步。大模型技术、深度学习、强化学习等前沿技术正在不断渗透到量化投资领域，未来将可能带来更智能化的投资决策。投资者不仅要关注平台的更新，还要关注 AI 算法的最新研究成果，及时更新自己的实践工具与方法。参加行业会议、研讨会、在线课程等，也是提升自我技术水平的重要途径。

6. 结合需要：结合 AI 技术的个性化需求提升

随着 AI 技术的不断进化，越来越多的平台开始提供个性化服务，能够根据投资者的偏好与需求实现定制化推荐。量化投资者可以根据自己的风险偏好、投资风格以及对收益的预期，利用大模型定制个性化的投资策略。这些个性化服务不仅提高了量化投资的效率，还降低了技术门槛，使更多的投资者能够利用 AI 工具进行策略创新与优化。

※总结

本节系统梳理了当前主流的 AI 工具与平台，包括 ChatGPT、DeepSeek、开源模型及数据插件等，旨在帮助读者降低 AI 量化实践的技术门槛，快速上手智能化的策略开发与研究。随着 AI 技术的不断进步和平台生态的日益完善，未来的量化交易将更加智能、开放与高效。希望读者能结合自身需求，灵活选用合适的工具，开启 AI 驱动的量化创新之路。

2.4　大模型时代的学习与研究新模式

AI 技术不仅在量化交易中发挥着重要作用，还为学习与研究等各个方面带来了深刻变革。本节将探讨大模型如何辅助文献检索、写作、代码生成及公式推导等，帮助读者重塑学习范式，提升研究的深度与广度。

2.4.1　学习模式：大模型时代下的量化交易学习

科学家理查德·费曼提出的费曼学习法，以其独特的方式为交易者提供了全新的学习视角。而随着大模型的迅猛发展，这一学习方法在量化交易领域被赋予了全新的活力与内涵，为交易者带来了前所未有的机遇。

下面我们将结合费曼学习法，深入冰山模型的 3 个层次，如图 2.2 所示，探索如何将大模型融入创新学习，真正做到“学以致用”。

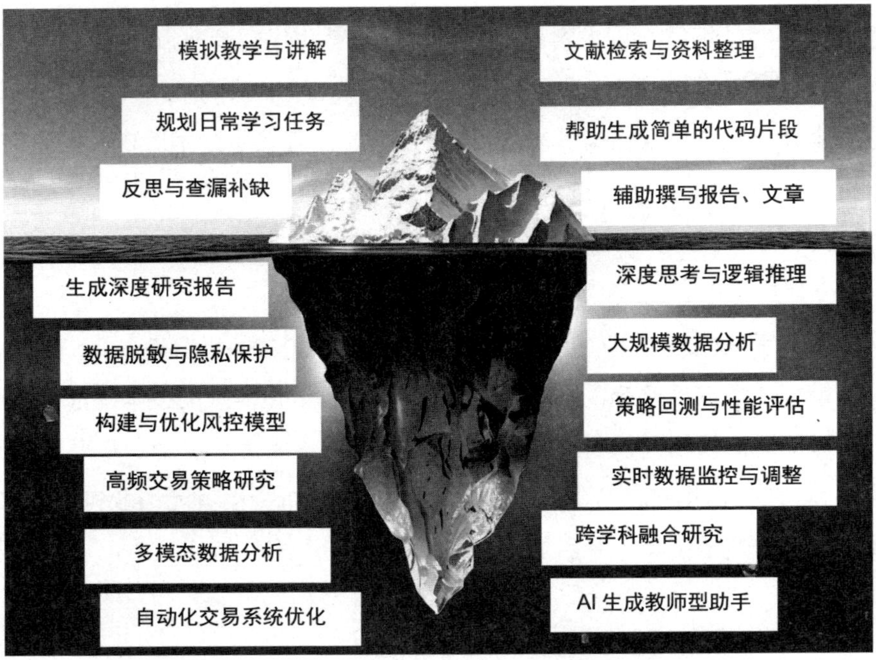

图 2.2　大模型能力段位的全景认知——冰山模型

1. 冰山顶部——大模型助力费曼式量化交易学习起步

冰山的顶部是显性层面，也就是我们最容易感知到的 AI 应用场景。在这里，AI 工具可以帮助我们迅速完成费曼学习法的四大步骤：理解、简化、讲解、反思。

（1）用大模型“理解”，在海量知识中找到答案

费曼学习法的第一步是全面理解知识点。传统的学习形式依赖书籍和课堂，但在信息爆炸的量化交易领域，大模型让理解变得更高效。

案例：用大模型快速理解量化交易策略

假设你要学习“量化交易中的动量策略”。打开 ChatGPT，你可以输入：“什么是量化交易中的动量策略？请用通俗易懂的方式解释给新手听。”大模型会用简单的语言告诉你：“动量策略就像观察一辆车的行

驶趋势，如果它一直在加速前进，那么动量策略就会建议你跟着买入，因为趋势有惯性，价格可能会继续上涨；反之，则建议卖出。它通过分析过去一段时间内资产价格的走势来预测未来价格的短期变动方向，跟随趋势进行交易。”这种解释让复杂的交易策略变得直观易懂，帮助你快速迈过“理解”的第一道坎。

数据支持：根据斯坦福大学的研究，使用生成式 AI 辅助学习量化交易策略的学员，平均能将知识理解的时间缩短 50%。

（2）用大模型“简化”，把复杂知识分解为易懂的模块

费曼学习法的核心在于简化。大模型的优势是将复杂的内容细化为逻辑清晰的结构。

工具辅助：量化交易知识图谱生成

工具（如 Notion AI 和 MindMeister）可以自动生成量化交易知识图谱。以学习“量化交易中的风险管理”为例，大模型会将内容分解为“什么是风险管理、风险识别、风险度量、风险控制”等模块，再细化到“VaR 值的计算方法、风险对冲工具的使用”等具体内容。这种分层解析能够帮助你将碎片化知识变成体系化框架。

（3）用大模型“讲解”，模拟费曼式教学

真正掌握知识是指能将知识教给别人，而大模型正是你的“完美听众”。

角色扮演学习法

你可以利用大模型的角色扮演功能。例如，你告诉 ChatGPT：“扮演一名刚入门的量化交易者，我来给你解释量化交易中的均值回归策略。”大模型会根据你的讲解提出问题，比如“均值回归策略中的均值是如何确定的？如何判断价格偏离均值的程度？”通过回答这些问题，你能发现自己讲解中的漏洞，进一步加深理解。

（4）用大模型“反思”，查漏补缺

费曼学习法的最后一步是反思。大模型可以充当智能导师，通过提出开放性问题，帮助你检查自己对知识的掌握程度。

案例：学习完“量化交易中的波动率模型”后，大模型可能会问你：“在不同的市场环境下，波动率模型的适用性有何不同？如何根据市场变化调整波动率模型的参数？”这些问题能促使你深入思考，完善自己的知识体系。

AI 工具的优势在于高效、互动性和个性化，每个步骤都能通过大模型辅助大幅提升效率，大模型模拟教学互动激发学习兴趣，并根据个人需求定制学习路径。

2. 冰山中部——大模型重塑量化交易学习方式，打造“费曼升级版”

在冰山中部，学习的重心从显性工具转向深层次的学习重构。在这里，我们将探讨如何结合费曼学习法与大模型的能力，彻底改变传统的学习方式。

（1）管理学习过程：大模型是你的“量化交易学习教练”

费曼学习法强调将知识内化，大模型在这一过程中可以充当私人学习教练。

案例：大模型驱动的量化交易学习计划

假设你正在准备开发一套量化交易策略。你可以用 AI 工具（如 ChatGPT、专门的量化交易学习软件）生成学习计划。

- 每日制定交易概念学习目标，如了解一种新的技术指标。
- 策略回测专项练习，针对已学习的策略进行历史数据回测。
- 市场数据模拟与分析，模拟不同市场行情下的交易决策。

大模型会根据你每天的学习计划完成情况自动调整学习难度和任务量。

（2）个性化学习路径：大模型可以让量化交易学习实现“因材施教”

费曼学习法的一个难点在于：不同的交易者对量化交易知识点的理解能力不同，而大模型可以根据每个人的需求定制学习路径。

案例：量化交易中的期权定价模型学习路径

一个交易者在学习量化交易中的期权定价模型时遇到困难，可以用大模型请求更基础的金融知识补充（如期权的基本概念、影响期权价格的因素）。大模型通过生成式回答，不断递进，帮助交易者循序渐进地掌握期权定价模型的核心概念。

（3）用大模型“原型化”学习，打破量化交易学科边界

费曼学习法提倡用实验优化学习效果，而大模型的原型化能力恰好契合这一需求。

跨学科实验：设计你的量化交易研究课题

假设你对“宏观经济因素与量化交易策略的关系”感兴趣，那么可以用大模型快速生成相关文献综述，构建初步假设，再利用大模型模拟不同经济政策下的市场环境，验证假设的可行性。

（4）大模型辅助提问，激发对量化交易的深度思考

费曼学习法的精髓在于提问，而大模型是提问的好帮手。通过大模型生成开放性问题，你能更深入地反思量化交易中的知识点。

案例：在学习“量化交易中的高频交易伦理问题”时，大模型可能提问：“高频交易是否会对市场公平性造成不可逆影响？如果是，那么应如何在监管与创新之间寻求平衡？”这种问题让量化交易学习从简

单的知识记忆走向哲学层次的探讨。

3. 冰山底部——大模型与费曼学习法构建量化交易学习生态

（1）量化交易学习即生活：把学习融入日常场景

大模型将量化交易学习转变为一种无处不在的生活方式。

案例：用大模型规划日常量化交易学习任务。例如，某量化交易新手通过 AI 工具（如 Notion）制订“每日 30 分钟”学习计划。

- 早餐时，听大模型生成的语音播报（最新的量化交易策略动态）。
- 午休时，用大模型快速整理交易策略要点。
- 晚上，用大模型生成模拟交易场景，检验当天的学习成果。

这种将学习融入日常的方式，让交易者在碎片化时间中也能高效成长。

（2）量化交易学习共同体：用大模型构建协作学习生态

费曼学习法提倡通过讲解深化理解，而大模型可以帮助交易者与同伴一起建立学习共同体。

案例：AI 驱动的量化交易协作平台。例如，某量化投资机构建立 AI 协作平台，交易者可以在平台上分享自己的交易策略成果，并用大模型生成的反馈改进交易策略的表达。通过这种形式，交易者间的交流更加高效，知识共享程度也更加深入。

（3）量化交易中的 AI 教师：你的个性化教学助手

大模型生成教师型助手，能够根据每个交易者的特点，提供量身定制的教学内容。

案例：量化交易新手的 AI 教师。例如，一个量化交易新手用大模型进行模拟交易练习，大模型能纠正操作失误、调整交易心态，甚至模拟真实的交易场景。这种交互式学习方式极大地提升了学习效果。

（4）量化交易工作即学习：打造学习与工作的双生态

费曼学习法强调用实际行动验证知识，而大模型让这种理念在量化交易工作中变得更加自然。

案例：量化交易公司的学习生态。例如，一些量化交易公司已经通过大模型构建“学习型工作生态”。员工在开发交易策略的同时，使用大模型评估策略性能，还能通过即时反馈学习市场动态。例如，一家量化交易公司将大模型引入交易策略回测过程，不仅提高了评估效率，还让新员工快速掌握了量化交易技巧。

量化交易学习的未来是大模型与费曼学习法的融合。

费曼学习法让我们看到：量化交易学习的本质是理解、简化和表达，而大模型让这一过程变得更加高效和多维。从技术工具到学习方式的重构，再到文化生态的重塑，大模型正在成为费曼学习法在量化交易领域的“最佳拍档”。未来，当你面对一个全新的量化交易领域时，不妨用费曼学习法来解构它，并借助大模型的力量让学习过程不再枯燥，而充满探索的乐趣。

2.4.2 报告撰写：利用大模型撰写量化交易研究报告的通用路径

核心思路：大数据+大模型+金融思维模型=深度量化研究。

1. 利用大模型撰写高质量量化研究报告的通用路径

（1）参考优质模板，反推写作框架

撰写高质量量化研究报告的第一步是收集权威研究文献，如金融行业白皮书、量化投资报告、学术论文等。通过分析其逻辑架构、核心要素和数据呈现形式，提炼出标准化写作框架，涵盖市场分析、策略设计、数据挖掘、风险评估、绩效分析和结论等关键部分，为大模型生成文本提供清晰的指引。

（2）确定各环节适用的大模型

不同的研究环节适用于不同的大模型，需由大模型专家匹配最优模型。例如，DeepSeek-R1 适用于数据分析，Claude 3.7 Sonnet 适用于理论推导，Gemini-2.0-Pro 适用于趋势预测，GPT-4.5-Preview 适用于综合写作，确保各环节模型精准匹配。

（3）设计精准的提示词，提高大模型生成的质量

提示词工程师需为每个写作环节设计高效的提示词，如“请基于历史交易数据，归纳量化交易策略的主要发展脉络”，确保大模型生成的内容符合预期。

（4）确定数据分析方法与 AI 建模方法

研究报告的数据支撑需由大数据算法工程师制定主成分分析（Principal Component Analysis，PCA）、回归分析、时间序列分析、自然语言处理（Natural Language Processing，NLP）等方法，以保证研究结论的科学性和可验证性。

（5）对敏感数据进行脱敏处理

研究报告可能涉及投资者机密信息、金融机构敏感数据或市场交易隐私数据。需采用数据脱敏（Data Masking）、匿名化处理、差分隐私等技术，确保数据安全合规。

（6）处理大模型生成的内容，优化可读性

大模型生成的文本需经过人工润色，优化语言流畅度、逻辑清晰度、数据呈现方式，去除“AI 味”，使其符合金融行业研究报告规范。

（7）数据审核、迭代优化，确保高质量定稿

最终报告需经过数据审核、逻辑推敲、内容调整等多轮优化，确保信息准确、论证严谨，并结合专家意见不断完善，最终形成高质量的研究报告。

2. 量化交易策略研究报告撰写方法——从大模型到高质量报告

在现代金融市场中，量化交易策略研究是一项至关重要的工作，涉及市场分析、策略设计、风险控制和绩效评估等多个方面。随着大模型的快速发展，利用大模型辅助撰写高质量的量化交易策略研究报告已成为可能。下面将结合大模型的应用场景，提供一套完整的量化交易策略研究报告撰写方法。

第一步：参考优质模板，反推写作框架。

高质量的研究报告通常遵循一定的逻辑结构。在使用大模型生成内容之前，我们需要先分析权威研究报告的写作框架，以确保内容的完整性和科学性。

如何获取标准化写作框架

1. 参考权威文件：收集金融行业白皮书、量化投资报告、学术论文等。

2. 分析核心要素：归纳标准化的写作框架，通常包括以下内容。

- 市场分析：目标市场现状、趋势、竞争格局。
- 策略设计：投资理念、策略逻辑、交易规则。
- 数据挖掘：历史价格数据、交易量数据、基本面数据等关键数据。
- 核心发现：关键交易信号、策略优势、潜在风险点。
- 风险评估：市场风险、信用风险、流动性风险。
- 绩效分析：收益指标、风险指标、风险调整后的收益指标。
- 结论与展望：总结研究成果，提出未来改进方向。

3. 制定大模型写作指引：在明确框架后，为每个环节提供清晰的指引，使大模型能够精准生成符合需求的内容。

第二步：确定各环节适用的大模型。

不同的研究环节需要不同类型的大模型来支持。例如，在量化交易策略研究中，我们可以按照如表 2.4 所示的研究环节使用大模型。

表 2.4　大模型针对不同环节的作用分析

研究环节	适用大模型	主要作用
市场分析	DeepSeek-R1	处理金融市场数据、分析市场趋势、竞争格局等
策略设计	Claude 3.7 Sonnet	进行理论推导，构建量化交易策略的逻辑框架和交易规则
数据挖掘	Gemini-2.0-Pro	结合市场趋势，挖掘有价值的历史价格数据、交易量数据等
风险评估	GPT-4.5-Preview	综合分析多方面因素，全面评估策略的风险水平
绩效分析	QwQ-32B	生成详细的绩效评估报告，涵盖收益指标、风险指标等
交易执行与优化	Doubao-1.5-Pro	生成交易执行计划和优化方案，提升策略的执行效率和收益水平
监控与调整	Hunyuan-TurboS	对策略的实时表现进行监控，及时调整策略参数

精准选择合适的大模型可以大幅提升研究报告的质量，使生成的内容更符合实际需求。

第三步：设计精准的提示词，提高大模型的生成质量。

大模型的生成质量取决于提示词的设计，合理的提示词可以有效引导模型提供高质量的内容。下面是一些优化策略。

案例一：用于市场分析。

初始提示：请分析某金融市场的当前状况，包括市场趋势、竞争格局与存在的问题，并依据数据支持，提出关键的挑战与机会。

优化提示：请基于历史交易数据，分析某金融市场的当前趋势，着重探讨价格波动、交易量变化、市场参与者行为，并结合时间序列数据给出未来 3 个月的市场走势预测。

案例二：用于策略设计优化。

初始提示：请根据市场趋势及历史数据，提出量化交易策略的设计方案。

优化提示：请结合机器学习算法、市场微观结构理论、历史交易数据特征，提出具体的量化交易策略，包括交易信号生成、仓位管理、风险控制规则，并给出策略的回测性能评估。

精细化的提示词能够让大模型生成更符合金融市场背景、数据支撑和行业趋势的内容。

第四步：确定数据分析方法与 AI 建模方法。

数据分析是量化交易策略研究报告的核心。关键的数据分析方法及其应用如表 2.5 所示。

表 2.5　数据分析方法与应用

数据分析方法	应用场景
主成分分析	提取影响资产价格波动的主要因素
回归分析	构建资产价格与相关因素之间的定量关系模型
时间序列分析	分析金融市场数据的自相关性、趋势性和周期性等特征
自然语言处理	分析新闻舆情、分析师报告等文本数据，提取市场情绪和预期信息

在 AI 的辅助下，我们可以结合金融市场数据，利用这些分析方法形成有力的策略支撑。

第五步：对敏感数据进行脱敏处理。

在量化交易研究报告的撰写过程中，要对涉及投资者机密信息、金融机构敏感数据或市场交易隐私数据进行脱敏处理，如投资者账户信息、交易记录、未公开的财务数据等。可采用的技术如下。

- 数据匿名化（Data Anonymization）：去除敏感身份信息，仅保留数据特征。
- 数据加密（Data Encryption）：对于内部审阅的报告，可加密存储。
- 差分隐私（Differential Privacy）技术：在数据分析时引入噪声，避免泄露真实数据。

这一步骤确保大模型生成的内容满足合规性要求，保护数据安全。

第六步：处理大模型生成的内容，优化可读性。

尽管大模型可以快速生成文本，但其内容往往带有“AI 味”，需要通过人工润色以提高可读性。

- 去掉模板化表达：避免“首先、其次、最后”等过于公式化的表述。
- 增强人文叙述：加入具体案例和故事化表达，使内容更具吸引力。
- 调整行文逻辑：确保内容衔接自然，避免大模型生成跳跃性问题。

大模型生成的初始文本：该量化交易策略收益显著，未来需进一步优化风险控制。

优化后的文本：该量化交易策略在历史数据回测中表现出了良好的收益性能，但在风险控制方面仍有改进空间。例如，在市场极端波动情况下，策略的最大回撤略高于同类策略的平均水平，建议引入动态风险调整机制，如根据市场波动率自动调整仓位水平。

润色后的文本更具人情味和实际可行性。此外，可利用 AI 检测工具（如朱雀大模型检测）来检测大模型生成内容的比例，从而更好地进行调整。

第七步：数据审核、迭代优化，确保高质量定稿。

最终报告需经过多轮优化。

- 逻辑推敲：检查数据与结论是否一致，避免逻辑错误。
- 专家反馈：邀请金融工程师、投资经理、数据科学家等审阅内容并优化。
- 多轮迭代：结合数据调整，完善最终版报告。

量化交易策略研究报告的完整撰写流程如下。

- 参考优质模板，提炼写作框架。
- 设计精准的提示词，引导大模型输出。
- 采用数据分析方法，增强科学性。
- 进行数据脱敏，确保信息安全。
- 调整大模型生成文本，提高可读性。
- 反复审核，形成最终的高质量报告。

通过这种方法，我们可以高效利用大模型，提高量化交易策略研究报告的科学性和可读性，为金融市场的稳定和投资者的收益增长提供有力支持。

2.4.3　研究助手：ChatGPT 的 Deep Research 使用指南

OpenAI 推出的深度研究（Deep Research）功能，绝非仅仅是产品的一次例行升级，这背后蕴含着人类在借助大模型实现信息深度挖掘、全面整合及精准分析方面迈出的关键一步。或许，在 DeepSeek-R1 等的竞争压力下，也可将深度研究视作 OpenAI 加快产品迭代、抢占市场先机的重要举措。目前，国内大模型纷纷推出了类似的功能，这个功能将成为一个潜在的智能体。

过去，我们已然习惯了 ChatGPT 依据既定的训练数据即时输出答案的模式，但必须正视一个现实问题：训练数据具有固有的静态属性，可现实世界却处于永不停歇的动态变化之中。市场风向难以捉摸，技术革新日新月异，商业竞争瞬息万变，在如此复杂多变的环境中，单凭过往的静态数据支撑决策，极有可能陷入滞后的困境，与当下的实际情况脱节。

深度研究功能的横空出世，赋予了大模型实时捕捉信息、剖析多元数据源以及输出系统性见解的强大能力，成功打破了传统局限，为信息处理与决策支持开辟了全新路径。

1. 深度研究的内涵与运作机制

深度研究功能的问世，赋予了 ChatGPT 独立思考的能力，使其不再局限于直接给出固定的答案。当面对诸如“2025 年全球 AI 投资趋势展望”或“Web3 在企业级应用中的发展前景”等复杂问题时，它会展开以下一系列深度探索活动。

- 规划研究路径：对问题进行全面剖析，精准拆解关键要点，明确需要查询的信息领域与范围。
- 自主收集与分析数据：借助 OpenAI 的浏览功能，广泛筛选多个权威信息源，对海量数据去伪存真，提炼核心要点。
- 结构化报告输出：最终整合形成逻辑严谨、数据翔实的研究报告，摒弃以往零散的信息片段输出模式，使成果的呈现方式系统化。

这标志着我们正式告别了 AI 工具仅能基于“已知”回答问题的时代，正式迈入了“主动研究、结构化输出”的崭新阶段，为获取知识与解决问题带来质的飞跃。

2. 深度研究的关键价值

（1）信息获取的时效性突破

此前，即便是最强大的 AI 系统，也只能依赖训练数据作答，而这些数据更新往往滞后数月甚至数年的时间。深度研究功能彻底改变了这一局面，它能够实时抓取最新资讯，确保输出的内容紧跟时代步伐，时效性大幅提升，为决策提供最新鲜的信息支撑。

（2）研究质量跃升，超越传统的搜索工具

或许有人会质疑："直接使用百度等搜索引擎查找资料岂不是更便捷？"然而，搜索引擎的本质在于提供信息索引，后续的筛选、整理工作仍需用户自行完成。深度研究功能则实现了质的飞跃，它不仅能高效检索信息，还会通过交叉验证、剔除冗余、综合分析等深度处理流程，最终输出结构清晰、逻辑严谨的研究报告，大幅提升了研究的质量与深度。

（3）结构化输出助力决策效率提升

在信息爆炸时代，研究工作面临的最大挑战往往不是信息匮乏，而是如何从海量资料中精准提炼关键要点。我们时常陷入信息过载的困境，耗费大量时间阅读却难以获取清晰的结论。深度研究功能凭借其强大的信息整合能力，能够高效梳理整合碎片化信息，将其以结构化形式呈现出来，助力用户迅速把握核心要点，从而更快速、精准地做出明智决策。

3. 深度研究的商业应用潜力

深度研究功能的出现，不仅全方位提升了 AI 的性能表现，更为商业领域开拓了广阔的应用前景。

（1）助力企业精准决策优化

企业可充分利用深度研究功能，快速剖析市场趋势、竞争态势及行业走向。以科技公司为例，借助深度研究功能剖析全球 AI 产业的发展格局，能够精准定位潜在的投资机遇，提前洞察风险，为战略布局提供有力的依据，从而在激烈的市场竞争中抢占先机。

（2）削减研究成本，释放效率潜能

传统市场研究往往耗费大量的人力、物力与时间成本，而深度研究功能有效破解了这一难题。它大幅削减了人工分析的工作量，借助高效的自动化研究流程，在短时间内输出高质量的研究成果，显著降低了企业运营成本。金融机构借此可迅速掌握最新的经济动态，无须过度依赖价格高昂的咨询服务，实现成本效益最大化。

（3）加速量化交易策略创新迭代进程

在量化交易领域，信息更新的速度直接决定了策略创新的节奏。深度研究功能能够助力量化团队实时追踪市场前沿动态，将最新的交易数据与量化模型深度融合，从而优化策略设计与参数，加快将创新策略推向市场的速度。量化投资机构可依托 AI 研究市场的微观结构与价格波动特征，为策略研发注入强大动力，缩短研发周期，提升市场竞争力。

（4）打造优质的量化交易支持服务体系

量化交易支持团队借助深度研究功能，能够全方位、快速地掌握市场动态、交易反馈及竞争对手信息，进而为交易员提供更具针对性、个性化的解决方案。量化交易平台通过深度研究剖析用户交易行为数据，持续优化交易执行算法与风险控制模型，以卓越的交易支持服务提升用户的满意度与忠诚度，推动业务可持续发展。

4. 深度研究的多元应用场景

（1）深度剖析量化交易情报

量化交易管理者可将深度研究功能作为交易情报分析的利器，开展市场趋势预测、竞争对手策略挖掘及行业动态监测等工作。例如，量化基金若想探究“某新兴金融衍生品未来 5 年的投资价值”，深度研究功能将综合宏观经济数据、市场情绪指标、历史价格走势等多维度信息，生成全面且深入的市场分析报告，为交易决策提供坚实的数据支撑。

（2）研发与优化量化交易策略

在探索策略前沿、追踪技术发展时，深度研究功能可助力量化研究员迅速定位最新的学术论文、交易模型成果，并完成高质量策略评估，极大节省了传统数据查阅与模型测试的时间，提高了量化研发效率，加速量化交易策略从概念到实践的转化进程。

（3）交易风险的预警与管控

对于风险管理部门而言，深度研究功能可用于实时监测市场风险因素动态、波动预警信号及行业最佳风控实战案例。通过深度分析与研判，量化交易机构能够提前布局风险防控策略，强化风险管理体系，有效抵御潜在的市场波动风险。

（4）交易执行的深度挖掘与拓展

交易员群体在执行复杂的交易策略时，可借助深度研究功能，快速整合多方渠道的交易信息资源，深入挖掘交易机会背后的深层次背景与关联要点，从而优化交易路径，提升交易的执行效率与精准度。

5. 深度研究的未来发展前景

深度研究功能的推出，象征着 AI 工具从“被动回答”向“主动探索”的历史性转变，其未来的发展潜力不可限量。

- 提升引用透明度与可信度：未来，AI 研究的应用机制将更加规范透明，增强数据来源的可追溯性，这将进一步夯实研究可信度，为用户输出更具公信力的研究成果。
- 研究处理效率的飞跃：随着算力技术的持续突破与优化，AI 研究的处理速度将实现质的飞跃，能够在更短时间内完成复杂信息的处理与分析任务，满足用户对高效研究的迫切需求。

- 深度融合专业数据库：展望未来，AI 工具有望与更多垂直领域的专业数据库实现无缝对接，深度整合行业特色数据资源，从而为用户提供更精准、更专业、更具针对性的研究支持，助力用户解决各领域的复杂专业问题。

深度研究功能的诞生，推动 AI 正式迈入“深度思考”与“精准分析”的全新发展阶段。这一创新突破不仅重塑了 AI 研究范式，而且将在量化交易、市场分析及风险管控等众多领域引发深远变革，AI 工具的核心价值与应用边界正在被不断拓展与深化，并持续为金融领域发展创造新的可能。

2.4.4 思研差异：深度思考和深度研究的区别

在大模型领域，深度思考和深度研究是两个常被提及且易被混淆的概念。下面将从多个方面对二者进行详细区分。

1. 深度思考和深度研究的定义

（1）功能性质

深度思考：以深度思考模型为例，其核心在于凭借模型自身的逻辑推理能力，对量化交易问题进行剖析并生成思维链来解决问题。它就像一位逻辑思维缜密的“交易策略设计师”，在处理量化交易策略设计、风险评估等任务时，能够通过严谨的推理输出答案。

深度研究：深度研究功能面向量化交易领域的深度研究，本质是专注深度研究与分析的智能体，类似专业的“量化研究团队”。它借助大模型与数据分析工具，在海量的市场数据、学术文献等资源中搜索、解读和分析各种数据格式。

（2）应用场景

深度思考

- 科研助力：在量化交易策略开发过程中，能够辅助交易员完成复杂的数学建模和算法编写工作。例如，帮助交易员推导出新的资产定价模型，或者协助在优化算法交易中设置参数。
- 风险评估：可对交易风险进行深度分析，评估潜在的风险因素，并提供有针对性的风险管理建议。例如，分析市场波动对投资组合的影响，为交易员的风险控制策略提供参考。

深度研究

- 专业领域支持：为量化交易员、金融分析师等领域的专业人士服务。量化交易员可以利用它分析市场趋势、挖掘交易机会；金融分析师可以利用它撰写投资报告；科研人员能借助它完成文献综述和课题研究等。
- 投资决策辅助：适合投资者在选择投资标的、构建投资组合等需要谨慎研究的场景中使用，帮助投资者综合各种信息，提供高度个性化的投资建议。

（3）输出结果的特点

深度思考：输出结果通常是针对具体交易问题的答案、解析过程或策略建议等，更聚焦于问题的核心点。例如，在解答期权定价问题时，会给出详细的推导步骤和定价结果；在风险评估中，会给出风险评估结论和相应的管理策略要点。

深度研究：会生成一份包含清晰数据来源的专业报告，内容更丰富和全面。报告中不仅有分析结果，还包含对数据来源的说明、研究过程的概述等，方便交易员查阅和验证信息。

（4）技术侧重

深度思考：基于大规模预训练模型，通过强化学习不断提升模型的推理能力，并引入自我反思机制，重点在于提升模型自身的逻辑推理能力和问题解决能力。

深度研究：基于大数据分析和机器学习技术，特别优化了数据收集和处理能力，侧重于信息的收集、整合和多维度分析。

2. 深度思考和深度研究的区别

深度思考和深度研究是两种不同的功能，它们在应用场景、技术实现和用户交互方式上都有所区别。

（1）深度思考

应用场景

- 开发量化交易策略：适用于需要复杂推理和逻辑分析的量化交易场景，如策略开发、风险评估等。交易员可通过输入具体问题，如"设计一个基于均值回归的量化交易策略"，获得详细的推理过程和最终答案，包括策略逻辑、参数设置、风险管理等方面的内容。
- 辅助实时交易决策：面对快速变化的市场行情，深度思考能够快速分析当前市场的状态与策略适应性，为交易员提供即时的决策支持，如调整仓位、止盈止损等操作建议。

技术实现

- 强大的推理模型基础：深度思考基于大规模预训练模型，具有卓越的语言理解和生成能力，能够准确解析交易员的自然语言指令，并将其转化为有效的量化交易策略逻辑。
- 细致的思维链展示：模型可以清晰地展示从问题分析到策略生成的每一步推理过程。例如，在设计套利策略时，能够详细说明如何识别价格偏差、计算无风险套利区间，以及确定交易执行时机等逻辑步骤。

- 多模态数据融合分析：支持多模态输入，如结合市场行情文本数据、历史价格曲线图像等，综合分析多种信息源，为量化交易策略提供更全面的决策依据。例如，通过分析新闻文本中的市场情绪和 K 线图的技术形态，共同判断市场趋势。

用户交互方式

- 多轮对话式策略优化：用户可以与模型进行多轮对话，逐步深入探讨量化交易策略的各个环节。例如，交易员首先询问模型关于某种策略的基本设计，然后根据模型的回答进一步追问如何优化该策略在特定市场条件下的表现，模型能够基于之前的对话上下文给出连贯且有针对性的优化建议。
- 透明的推理过程呈现：模型会提供详细的推理过程，帮助交易员理解策略建议的来源和逻辑。这使交易员不仅能获得策略结果，还能学习到模型的推理方法，从而提升自身对量化交易的理解和决策能力，增强其对策略执行的信心。
- 推理方法学习与借鉴：适用于需要透明化推理过程的场景，交易员可以学习和借鉴模型的推理方法，不断提升自己构建和优化量化交易策略的能力，更好地应对复杂多变的市场环境。

（2）深度研究

应用场景

- 在量化交易策略长期研究：适用于需要大量数据支持和长期研究的量化交易场景，如市场趋势分析、投资组合优化、交易策略的历史回测与性能评估等。研究人员可以通过输入研究主题，如“量化交易策略在不同经济周期下的表现分析”，获得综合性的研究报告或数据分析结果，为投资决策提供有力支持。

- 在行业动态与前沿技术跟踪：帮助量化交易团队及时了解量化交易领域的最新研究成果、行业动态和政策变化，以便调整和完善自身的交易策略体系，保持竞争优势。

技术实现

- 大数据分析能力：基于大数据分析和机器学习技术，能够处理和分析海量的市场数据，包括历史价格数据、宏观经济数据、公司基本面数据等，挖掘数据中的潜在规律和趋势。
- 综合性报告生成：模型能够生成包含数据图表、趋势分析、预测模型等元素的综合性研究报告。例如，在研究量化交易策略的风险收益特征时，报告中可以包含策略收益率的历史分布图表、与市场指数的相关性分析、不同风险因素的暴露程度评估等内容。
- 多数据源整合分析：支持多数据源的整合，能够从多个角度和维度对量化交易策略进行分析。例如，结合宏观经济数据判断市场周期，利用行业数据评估板块轮动效应，通过公司基本面数据筛选投资标的等。

用户交互方式

- 主题式研究的请求与反馈：用户可以输入研究主题或关键词，如“量化交易中的机器学习应用研究”，快速获得详细的报告或分析结果，为量化交易策略的研发和优化提供全面的信息支持。
- 全面的研究支持服务：模型提供的研究报告内容丰富全面，除分析结果外，还包括数据来源说明、研究方法概述、结论与建议等部分，方便用户查阅和验证信息，确保研究结果的可靠性和实用性。
- 系统性分析与辅助决策：适用于需要全面、系统性分析的量化交易场景，用户可以获得全面的研究支持，从而做出更加科学、合理的投资决策，降低投资风险，提高投资回报率。

（3）具体案例

深度思考案例如下。

假设交易员需要设计一个量化交易策略来捕捉某只股票的短期价格波动机会。交易员可以向深度思考模型输入具体问题：“设计一个基于技术指标的股票短期交易策略”。模型会展示详细的推理过程，具体如下。

- 分析该股票的历史价格数据，提取出适合短期交易的时间周期（如 5 分钟、15 分钟 K 线）。
- 计算相关技术指标，如移动平均线、相对强弱指标（RSI）、布林带等，并确定各指标的参数设置。
- 根据技术指标的信号制定交易规则，例如，当价格突破布林带上轨且 RSI 超过 70 时卖出，当价格跌破布林带下轨且 RSI 低于 30 时买入。
- 综合考虑交易成本、滑点等因素，对策略进行优化，并给出预期的风险收益评估。

深度研究案例如下。

假设研究人员需要撰写一份关于量化交易策略在新兴市场中的应用研究报告。研究人员可以向深度研究模型输入研究主题：“量化交易策略在新兴市场中的适应性与绩效分析”。模型会生成综合性的研究报告，内容如下。

- 新兴市场的规模、增长率，以及量化交易的参与度等数据。
- 主要的量化交易策略类型在新兴市场中的应用情况分析，如趋势跟踪、统计套利等策略的市场适应性研究。
- 新兴市场特有的政策法规、交易制度等因素对量化交易策略的影响分析。

- 对不同量化交易策略在新兴市场的历史绩效进行实证分析，包括收益率、波动率、最大回撤等指标的比较。
- 对量化交易策略在新兴市场未来的发展趋势进行预测，提出相应的投资建议和风险警示。

※总结

深度思考：适用于需要复杂推理和逻辑分析的量化交易场景，提供详细的推理过程和最终答案。

深度研究：适用于需要大量数据支持和长期研究的量化交易场景，提供综合性的研究报告或数据分析结果。

如表 2.6 所示是量化交易专业人员使用的 50 个场景，并对适合深度思考和深度研究的场景加以区分。

表 2.6 深度思考和深度研究的使用场景（面向量化交易专业人员）

场景编号	场景描述	使用类型
1	量化交易模型的优化方法	深度研究
2	探索新的量化交易指标	深度思考
3	数据清洗对量化交易模型的影响	深度研究
4	量化交易模型的风险控制方法	深度思考
5	机器学习算法在量化交易中的应用	深度研究
6	跨市场套利的机会分析	深度思考
7	AI 在量化交易中的创新应用	深度思考
8	多因子模型的设计与优化	深度研究
9	量化交易策略的创新思路	深度思考
10	大规模数据集对量化交易模型的影响	深度研究
11	高效的量化交易信号生成技术	深度研究
12	量化交易模型的可解释性增强	深度思考

续表

场景编号	场景描述	使用类型
13	强化学习在量化交易中的应用	深度研究
14	量化交易中的伦理问题	深度思考
15	自适应量化交易算法的研究	深度研究
16	量化交易系统的性能优化	深度研究
17	跨资产类别交易策略的设计	深度思考
18	神经网络在量化交易中的应用	深度思考
19	量化交易策略的拓展与创新	深度研究
20	量化交易在市场微观结构中的应用	深度研究
21	量化交易模型的自动化调优	深度研究
22	大规模训练数据集的生成方法	深度研究
23	自适应量化交易模型的创新	深度思考
24	生成对抗网络在量化交易中的优化	深度研究
25	量化交易在投资组合优化中的潜力	深度思考
26	分布式量化交易系统的实现方式	深度研究
27	量化交易中的数据隐私保护技术	深度思考
28	自监督学习在量化交易中的未来发展	深度思考
29	强化学习在量化交易执行中的挑战	深度研究
30	量化交易的自主学习能力	深度思考
31	量化交易中的迁移学习应用	深度研究
32	大规模量化交易中的计算资源优化	深度研究
33	量化交易中的机器人交易能力的增强	深度研究
34	情感计算在量化交易中的应用	深度思考
35	量化交易系统的自动化决策优化	深度研究
36	量化交易模型在市场预测中的表现	深度思考
37	大规模数据集在量化交易中的标注方法	深度研究
38	多任务学习模型在量化交易中的设计	深度研究
39	智能量化交易系统的优化	深度研究
40	量子计算与量化交易的结合	深度思考

续表

场景编号	场景描述	使用类型
41	深度学习在量化交易中的应用	深度研究
42	自适应生成模型在量化交易中的设计	深度研究
43	生物信息学中的量化交易应用	深度研究
44	量化交易的公平性问题	深度思考
45	大模型在量化交易中的分布式训练	深度研究
46	复杂金融系统中的深度学习应用	深度思考
47	深度强化学习在量化交易中的样本效率问题	深度研究
48	神经网络模型在量化交易中的压缩技术	深度研究
49	社会行为建模中的量化交易应用	深度思考
50	大模型与小模型在量化交易中的权衡问题	深度研究

总结来看，深度思考更多关注的是突破性、创新性和跨领域的洞察，它帮助量化交易员打破现有框架，思考可能的未来交易策略和新理论；而深度研究则是基于已有的知识体系，通过系统的实验、数据和验证，不断推进量化交易技术的边界和应用深度。在量化交易领域，这两者相辅相成，共同推动了量化交易的快速发展。

在具体使用时，深度思考适合用来开阔思维、探索新的交易领域，而深度研究则是在已有技术和理论的基础上进行更加系统、精细的分析和验证。希望通过理解这两个概念，量化交易员可以更清晰地掌握这两者的应用场景，并在实际交易中灵活使用它们，推动交易技术的进步。

如表 2.7 所示是量化交易普通从业者在日常工作和学习中常用的 49 个使用场景，并对适合深度思考和深度研究的场景加以区分。

表 2.7 深度思考和深度研究的使用场景（面向量化交易普通从业者）

场景编号	场景描述	使用类型
1	改变自己的量化交易策略方向	深度思考
2	如何提高个人的量化交易效率	深度思考

续表

场景编号	场景描述	使用类型
3	选择一份合适的量化交易学习计划	深度思考
4	学习新量化交易技能的最佳途径	深度思考
5	如何更有效地管理量化交易时间	深度思考
6	增加量化交易收益的方法	深度思考
7	个人量化交易资金的管理与规划	深度思考
8	改善量化交易心理状态	深度研究
9	增强量化交易技能的方法	深度思考
10	应对量化交易中的压力和挫折的技巧	深度思考
11	如何做出明智的量化交易决策	深度思考
12	找到将个人兴趣与量化交易工作相结合的方式	深度思考
13	如何培养良好的量化交易学习习惯	深度思考
14	个人量化交易职业规划	深度思考
15	如何有效地与量化交易团队沟通	深度思考
16	选择适合个人使用的量化交易软件	深度研究
17	确定量化交易的学习重点	深度思考
18	寻找最适合自己的量化交易工作环境	深度思考
19	学习量化交易语言的最佳策略	深度思考
20	如何减少量化交易中的常见错误	深度思考
21	确定健康的量化交易生活习惯	深度研究
22	如何建立长久的量化交易友谊	深度思考
23	改善自己与量化交易团队成员的关系	深度思考
24	量化交易的相关书籍推荐	深度思考
25	如何高效利用量化交易社区资源	深度思考
26	如何选择最适合的量化交易硬件设备	深度研究
27	计算如何节省量化交易成本	深度思考
28	选择合适的量化交易培训课程	深度思考
29	如何制订量化交易学习计划	深度思考
30	如何控制量化交易中的情绪波动	深度思考

续表

场景编号	场景描述	使用类型
31	选择合适的量化交易模拟平台	深度思考
32	量化交易产品的使用心得与推荐	深度研究
33	学习量化交易中的编程技能	深度思考
34	如何改进量化交易中的图表分析技巧	深度思考
35	如何保持积极的量化交易心态	深度思考
36	如何提高量化交易中的数据分析能力	深度思考
37	如何选择合适的量化交易平台	深度研究
38	如何提高量化交易中的执行效率	深度思考
39	如何管理量化交易资金预算	深度研究
40	选择适合自己的量化交易策略	深度思考
41	如何通过量化交易实现财务自由	深度思考
42	如何专注于量化交易目标	深度思考
43	提高量化交易中的社交技巧	深度思考
44	确定正确的量化交易习惯	深度研究
45	量化交易中的风险控制技巧	深度思考
46	应对量化交易中的市场压力的方法	深度思考
47	改变量化交易中的坏习惯的策略	深度思考
48	规划量化交易的职业发展路径	深度思考
49	提高量化交易效率的工具推荐	深度研究

适合深度思考的场景多聚焦于个人决策、技能提升、问题解决等量化交易层面的创新性思维；适合深度研究的场景则涉及系统性验证、数据分析和实践中所需的理性与实用性研究。在日常量化交易工作中，普通从业者更多地使用深度思考来处理日常交易问题和决策，但在需要系统性知识时，可利用深度研究来辅助决策和提升交易能力。

2.5 大模型定制与智能体入门

本节将探索更高阶的 AI 应用，包括智能体、模型微调、检索增强生成和多模态模型等前沿技术。这些内容将拓展读者在量化交易领域的未来玩法，激发更多的创新思维。

2.5.1 微调与蒸馏：将 DeepSeek-R1 微调/蒸馏为某领域的专家

核心理念与场景诠释：凭借冷启动数据、推理导向的强化学习及蒸馏技术，可达成模型小型化与领域专业化的双重部署目标。

一个形象的类比能帮助我们更直观地理解这一过程。设想你需要打造一个只精通天文学知识的“模型专家”，并且希望它能在个人 GPU 上流畅运行。这就好比要求厨师在有限的食材条件下，精心烹制出一道既精致又美味的佳肴，而非掌握所有菜系的繁杂食谱。DeepSeek-R1 所采用的方法堪称应对此类需求的不二之法。

1. 如何实现模型的“足够小”与“领域专业化”

由于数据与智能算法飞速发展，深度学习模型正朝着两个看似矛盾却又极具价值的方向探索：模型小型化与领域专业化。如何将 DeepSeek-R1 这样的大模型微调并蒸馏成兼具小型化与领域专业化的高效模型，以满足不同场景下的实际应用需求？我们可以采用一个系统的多阶段方法，用于实现模型的“足够小”和“领域专业化”，其核心步骤如下。

（1）冷启动微调（Cold Start Fine-Tuning）

- 目标：利用少量的高质量领域数据，为模型构建一个坚实可靠的推理基础，使其能够初步理解和处理特定领域的信息。

- 实现：从领域内的文献资料、问题解答及知识问答（QA）系统中精心筛选并提取出包含“长推理链”的样本。这些样本往往蕴含着丰富的逻辑关系和专业知识。
- 特点：此类数据在提升模型对特定领域的理解深度上具有显著优势，它还能帮助优化模型的回答结构。以天文学领域为例，这些数据可能表现为对天文现象的分步骤详细解释或数学公式的严谨推导过程。
- 效果：经过冷启动微调后，模型在特定领域的知识表达能力得到显著增强，同时回答内容的可读性也大幅提升，使输出内容更加清晰易懂、条理分明。

（2）推理导向的强化学习（Reasoning-Oriented RL）

- 目标：进一步优化模型在复杂推理任务中的表现，提升其解决实际问题的能力。
- 实现：通过精心设计的奖励函数（如正确率奖励和格式奖励等）对模型的回答进行引导和激励，使其生成符合预期的回答（正确率奖励关注答案的准确性，而格式奖励则确保回答的结构和形式符合要求）；加入语言一致性奖励（Language Consistency Reward），防止模型在回答中出现语言混杂的问题，保证输出语言的统一性和连贯性。
- 效果：强化学习阶段显著提升了模型在数学、逻辑推理等领域的表现，推理的准确性、深度和复杂度都达到了更高的水平，模型的智能水平得到了进一步的发展和完善。

（3）模型蒸馏（Distillation）

- 目标：实现大模型的推理能力向小模型的高效转移，从而在保证模型性能的同时，大幅降低资源占用，提高模型的部署灵活性和部署效率。

- 实现：使用经过强化学习训练后的 DeepSeek-R1 模型，批量生成大量高质量的领域数据样本，这些样本包含了丰富的领域知识和推理逻辑；将这些优质样本用于蒸馏小模型，如 Qwen、LLaMA 等开源模型。在蒸馏过程中，小模型通过学习这些样本中的知识和逻辑，逐步提升自己的推理能力。
- 效果：以 DeepSeek-R1-Distill-7B（7B 参数）模型为例，在多个推理任务中，其性能表现成功超越了部分参数规模更大的开源模型（如 GPT-4o），展现出小模型在特定领域的强大竞争力和应用潜力。

通过以上这 3 个步骤的系统训练，可以将大模型成功转化为小型的、专注于特定领域的专家模型，为不同行业的个性化需求提供高效的智能解决方案。

2. 矛盾剖析：泛用与专用的博弈

通用大模型（如 GPT-4、Claude）虽能应对丰富多样的任务类型，却存在两大明显的短板。

- 资源耗费惊人：它们的平稳运行高度依赖价格不菲的高端硬件设备，这无疑使部署成本大幅攀升，对于预算有限的团队或个人而言，这几乎是一座难以逾越的高山。
- 领域精度欠缺：由于其设计初衷是面向广泛的任务，所以在处理诸如医学、法律等专业性极强的细分领域问题时，往往难以精准把握关键细节，导致输出结果的可靠性欠佳。

而将模型推向小型化、专注化的道路时，又会遭遇以下棘手的问题。

- 如何确保模型在执行特定任务时达成高性能水准，兼顾知识的深度广度、推理的精准度与灵活性？
- 怎样以最精简的计算资源投入，复现甚至超越大模型的卓越效果，实现高性能与低成本的完美契合？

3. 实施路线

（1）数据筹备与冷启动

首要任务是汇聚目标领域的高质量数据资源，通常涵盖以下两大类别。

- 长推理链数据：例如，天文学范畴内的各类公式推演过程、详尽的科普文章等，这些资料蕴含着丰富的逻辑推理脉络。
- 领域知识问答素材：精心构思一系列贴合领域知识的问题，引导模型产出精准的答案，为其后续推理能力的发展奠定基础。

在模型训练的初始阶段，运用上述冷启动数据对基础模型（如 DeepSeek-V3）开展针对性微调，全力保障模型能够输出清晰、条理分明的回答内容。

（2）推理强化

引入强化学习机制，对模型的推理能力展开深度优化。

- 巧妙设计奖励函数，既紧密关注回答内容的正确性，又兼顾表达的流畅性与易读性，力求在多维度实现平衡。
- 针对涉及多语言的复杂数据场景，特别增设语言一致性奖励规则，牢牢锁定目标语言输出，避免语言混杂现象破坏回答质量。

此外，借助群体相对策略优化（Group Relative Policy Optimization，GRPO）算法，不仅能有效降低训练成本，还能巧妙地激发模型自主开展复杂的推理活动，提升模型的智能水平。

（3）模型蒸馏

从历经强化学习淬炼后的 DeepSeek-R1 模型中批量提取优质训练数据，用于对小模型实施蒸馏操作，常见的蒸馏目标模型如下。

- Qwen2.5 系列（参数规模范围为 1.5B 至 32B）。
- Llama-3.1、Llama-3.3 系列等。

经由直接蒸馏手段，小模型的推理能力可得到显著强化，且无须重复强化学习的过程，大大简化了训练流程。

（4）部署与评估收尾

完成蒸馏的模型，其体积小巧玲珑，足以轻松部署在个人 GPU 或经济实惠的服务器设备上（如 RTX 4090 或 A100 型号）。相关论文中的严谨评估结果显示，通过上述方法雕琢而成的小模型展现出惊人的性能优势，在推理任务处理效能上，竟然能够超越某些未经优化的大模型。

建议如下。

- 锚定清晰的方向：精准锚定目标领域范围，并全力筹备关联数据资源，这是整个项目的启航之锚。
- 循序渐进的策略：先利用少量精选数据完成微调工作，再无缝衔接强化学习优化流程，遵循循序渐进的学习规律。
- 蒸馏节能妙招：借助蒸馏技术，将大模型的推理精髓巧妙转移至小模型之中，达成节能增效的目标。
- 理性部署抉择：依据实际需求与预算限制，审慎挑选硬件配置方案。例如，7B 参数规模的小模型已然能够稳稳运行在高端工作站之上，无须动辄依赖昂贵的服务器集群。

2.5.2　智能体原理：Manus 的底层技术原理

2025 年 3 月 6 日，一款名为 Manus 的通用 AI 代理悄然登场，却迅速激发了全球 AI 社区的讨论。从初创公司 Monica（也称 Butterfly Effect）推出 Manus 的那一刻起，它便被冠以“全球首个完全自主 AI 代理”之名，有人甚至将其称作“中国的 DeepSeek-R1 瞬间”。

支持者认为，Manus 标志着 AI 代理时代的正式开启，是超越 ChatGPT 的生产力工具；但质疑者则指出，Manus 本质上仍然是多个 AI 模型的拼装产物，在技术上称不上颠覆性创新。那么，Manus 究竟是 AI 代理的新纪元，还是一个被市场炒作的概念呢？

1. 什么是 Manus，它与 ChatGPT 有何不同

Manus 的最大特点在于自主性。传统 AI 只是等待用户输入并提供回答，Manus 能够独立规划、执行和优化多步骤任务。换句话说，Manus 不仅能回答问题，还能主动完成一项复杂工作，而无须用户一步步引导。

具体案例如下。

> 你让 Manus 安排一次欧洲旅行，它不仅会为你提供航班、住宿和景点信息，还会在各大旅游网站上筛选出性价比最高的选项。
>
> 你让 Manus 分析苹果公司的股票走势，它不仅会给出基本的趋势分析，还会收集最新的财经数据，生成直观的图表，并根据你的反馈调整分析策略。
>
> 你让 Manus 寻找合适的 B2B 合作伙伴，它会搜集相关企业的信息，分析价格、质量等多方面因素，甚至为你撰写一份详细的采购报告。

相较于 ChatGPT 或 Claude 等聊天机器人，Manus 的优势十分明显。前者更像“有问必答”的智能搜索引擎，而 Manus 则更像“主动执行任务”的数字员工。

其核心理念如下。

- 自主执行任务：无须用户手把手引导，能独立规划和完成复杂任务。例如，在处理一份复杂的财务报表时，Manus 可以根据预设的目标和规则，自动完成数据的收集、整理和分析，而不需要用户一步步给出指令。
- 多领域适用：涵盖旅行规划、金融分析、教育内容生成、供应链优化等多种应用场景。在教育领域，它可以为学生生成个性化的学习计

划，为教师提供教学内容的优化建议；在供应链优化方面，它能够分析物流数据，提出降低成本、提高效率的方案。

- 类人决策：Manus 不仅可以用于信息整理，还能基于用户需求提供结构化、优化的解决方案。当用户需要撰写一份商业计划书时，它不会只简单地罗列一些商业计划的模板，而是会根据用户的具体需求和目标，结合市场调研数据，提供一份具有针对性和可操作性的计划书。

这些特性使 Manus 从根本上有别于现有的 AI 助手，Manus 推动 AI 代理迈向更高阶的自主智能。

2. Manus 的技术实现原理

要理解 Manus 为何不同于传统 AI，我们需要拆解它的核心架构。Manus 采用了一种独特的“多模型代理架构+任务执行循环”，确保它能高效完成各类任务。Manus 的技术实现如表 2.8 所示。

表 2.8　Manus 的技术实现

技术模块	作　用
多模型架构	结合 Anthropic Claude 3.5 Sonnet、阿里巴巴 Qwen 及自研 AI 代理，分工明确，提高执行效率。例如，在处理自然语言任务时，Claude 3.5 Sonnet 可以发挥其在语言理解方面的优势；而在数据处理和分析任务中，阿里巴巴 Qwen 则能提供强大的计算能力
代理循环	任务执行包括“分析目标→选择工具→执行→迭代优化→提交结果”。以分析一家公司的财务状况为例，首先明确分析目标是评估该公司的财务健康状况；然后选择合适的财务分析工具和数据来源；接着执行数据收集和分析操作；根据初步分析结果进行迭代优化，如调整分析模型或补充数据；最后将分析报告提交给用户
Linux 沙箱	任务在受控环境中运行，确保安全性，可用于执行代码、管理文件、访问数据库。这就好比为 AI 的操作设立了一个“安全屋”，它可以在其中自由地执行各种操作，而不会对系统的其他部分造成影响，有效防止了恶意代码的执行和数据的泄露

续表

技术模块	作　用
网页交互	能够自动上网浏览信息，如抓取数据、填写表单、执行 Web 任务。例如，在自动填写在线表单时，它可以通过识别表单的结构和要求，准确地填写相关信息，大大提高了工作效率
任务异步执行	可以在设备关闭时继续运行任务，提升持久性。这意味着用户可以在下达任务后关闭设备，而 Manus 依然能够在后台持续工作，直到任务完成，对于一些需要长时间运行的任务（如大数据分析等）非常实用
文件管理	能够读取、写入和组织文件，适用于报告生成、数据分析。在处理一份市场调研报告时，它可以自动收集相关的数据文件，对数据文件进行整理和分析，并将结果以清晰的格式写入报告文件

简单来说，Manus 既具备大模型的知识储备，又能被嵌入在一个“受控计算环境”中自主执行代码、操作文件、抓取网页数据，这些能力使它远超传统的 AI 助手。

目前，OpenAI 也在开发多个 AI 代理（预计收费 2000~20000 美元/年）。相比之下，Manus 的亮点在于低成本和开放性，它的架构让普通用户也能轻松体验 AI 代理的能力；OpenAI 的代理架构可能更注重在特定领域的深度应用，而 Manus 则更侧重于广泛的应用场景和易用性。

3. Manus 在基准测试中的表现：真的比 OpenAI 更强吗

为了评估 Manus 的真实能力，研究人员使用 GAIA 基准测试对它进行了测评。这个测试专门衡量 AI 代理在处理现实世界任务时的能力，并与 OpenAI 的 Deep Research 进行了对比，如表 2.9 所示。

表 2.9　Manus 与 Deep Research 的对比表

级　别	Manus 得分	Deep Research 得分
Level 1（基础任务）	86.50%	74.30%
Level 2（中等任务）	70.10%	69.10%
Level 3（复杂任务）	57.70%	47.60%

可以看到，Manus 在所有级别的任务中均领先于 OpenAI 的 AI 代理 Deep Research，尤其是在 Level 3 的复杂任务中，领先幅度高达 10%。这说明 Manus 的多模型架构和任务执行逻辑确实带来了更强的任务完成能力。然而，值得注意的是，Manus 无法在复杂任务中做到 100%成功，失败率仍然较高，这表明在处理一些高度复杂和不确定性的任务时，Manus 仍有一定的提升空间。

4. 挑战与局限：Manus 真的准备好了吗

尽管 Manus 在测试中表现优秀，但它仍然存在明显的缺陷，这也是质疑者认为它被“过度炒作”的原因之一。

Manus 的主要问题如下。

- 系统崩溃频繁：在高负载的情况下，Manus 服务器会崩溃，导致任务失败。这就好比一辆汽车在高速行驶时，发动机经常出现故障，会严重影响使用体验和可靠性。例如，当多个用户同时下达复杂的任务请求时，Manus 服务器可能因无法承受高负载而崩溃，使用户的任务无法顺利完成。
- 长文本处理能力有限：在分析大量文档时，Manus 的失败率甚至比 ChatGPT 更高。对于处理长报告、学术论文等长文本的场景，如文献综述、报告撰写等，Manus 的表现可能会让用户失望，它无法准确地提取关键信息和把握文本的主旨。
- 过度依赖现有模型：Manus 的“多模型架构”很强大，但并非完全自研，很多核心技术来自 Claude 和 Qwen，这让它的创新性受到质疑。这就像在搭建一座房子时，大部分建筑材料都是从别人那里借来的，虽然房子看起来不错，但在创新性和自主性方面却显得不足。
- 安全与隐私风险：Manus 具备执行代码和访问文件系统的能力，如果没有严格的安全限制，可能存在数据泄露或被黑客滥用的风险。这就好比给一个陌生人钥匙，允许他进出你的家门，如果这个人不够可靠，那么你的家庭安全就会受到威胁。例如，当有人恶意利用 Manus 的代码执行功能时，可能会入侵用户的设备，窃取敏感信息。

这些问题意味着 Manus 目前仍然不够稳定，需要进一步优化，才能成为真正的“通用 AI 代理”。

5. Manus 能复制“DeepSeek 时刻”吗

DeepSeek-R1 曾在 2025 年年初掀起一场 AI 风暴，它让人们意识到 AI 并不一定需要庞大的基础设施和高昂的成本。Manus 似乎正在复制这条路径，在 AI 代理领域发起挑战。但这并不意味着所有人都会转向 Manus。

目前，Manus 仍处于测试阶段，访问权限有限，稳定性存疑。这就好比一款新推出的软件虽然功能很强大，但只有少数人可以使用，并且经常会出一些小毛病，让人们质疑它的可靠性。

Manus 的市场接受度仍有待观察，普通用户是否真正需要 AI 代理仍然是未知数。对于一些非技术背景的普通用户来说，他们可能更习惯于使用传统的人工服务或者简单的工具软件，其对 AI 代理的接受程度还需要时间来验证。

OpenAI、Anthropic 等公司也在推进自己的 AI 代理，未来竞争将更加激烈。这就像在一片新兴市场中，虽然 Manus 是先驱者之一，但其他强大的竞争者也在迅速跟上，未来谁能占据主导地位还难以预料。

但不可否认的是，Manus 让 AI 代理从概念变成了现实，它的出现预示着：未来，每个人都可能拥有自己的 AI 助手，辅助管理工作和生活。

6. Manus 的技术实现路径文档

（1）总体架构

Manus 基于“多模型代理架构+任务执行循环”。

- 多模型代理架构：Anthropic Claude 3.5 Sonnet、阿里巴巴 Qwen 及自研代理模型相结合。这种架构能够充分发挥各个模型的优势，实现优势互补，提高整体的性能和效率。
- 任务执行循环：分析目标→选择工具→执行操作→迭代优化→提交结果。通过这个循环，AI 代理可以不断地调整和优化自己的行为，更好地完成任务。

（2）关键技术

- Linux 沙箱环境：构建安全、受控的执行环境，实时监控代码、文件操作及数据库访问。这就好比给 AI 的操作加上了“紧箍咒”，让它只能在规定的范围内活动，确保系统的安全性和稳定性。
- 网页交互技术：采用 Playwright 或 Puppeteer 实现自动访问网页、抓取信息及动态填写表单。这使 AI 代理能够像人类一样在网页上进行操作，获取所需的信息，大大拓展了其应用范围。
- 任务异步执行：实现任务离线持续运行与状态管理。这意味着 AI 代理可以在后台独立地完成任务，不需要用户的实时干预，提高了工作的自主性和灵活性。
- 文件管理系统：支持文件读写、数据组织、报告自动生成，兼容多种数据格式（Excel、CSV、JSON）。这使 AI 代理能够方便地处理各种文件和数据，为用户提供更加实用的功能。

（3）性能评估

GAIA 基准测试显示，Manus 在基础、中等、复杂任务中的表现优于 OpenAI，这充分证明了其在技术架构和功能实现方面的优势，这些优势也为其未来的发展奠定了坚实的基础。

（4）未来的优化方向

- 提升服务器稳定性与扩展性：通过优化服务器架构、增加资源分配等措施，提高服务器在高负载情况下的稳定性和处理能力，减少崩溃现象的发生。

- 提升长文本处理能力：改进自然语言处理算法，提高对长文本的理解和分析能力，使 Manus 能够更好地应对文献综述、报告撰写等需要处理大量文本的场景。
- 增强自研模型，减少外部依赖：加大在自研模型方面的投入，提高模型的自主性和创新性，降低对 Claude 和 Qwen 等外部模型的依赖程度，提升在核心技术领域的竞争力。
- 完善安全权限管理体系：建立健全的安全权限管理机制，严格限制 AI 代理的代码执行和文件访问权限，防止数据泄露和恶意攻击，确保用户的数据安全和隐私保护。

综上所述，Manus 作为一款新兴的通用 AI 代理，尽管存在一些缺陷和挑战，但其展现出的强大功能和巨大潜力不容忽视。随着技术的不断优化和完善，Manus 有望在未来成为人们工作和生活中的得力助手，开启 AI 代理的新纪元。

2.5.3 智能体工具：MCP 深度解读与使用研究

近年来，AI 领域的快速进步推动了大模型在各行各业的广泛应用。然而，单一的语言模型在需要与外部系统协作时，往往受限于接口和数据孤岛，难以高效地完成复杂任务。为了解决模型与外部数据、工具整合的难题，MCP 应运而生，成为连接 AI 模型与多样化数据源的标准化桥梁。

本节将系统介绍 MCP 的设计理念、技术基础、运行机制及其在实际项目中的应用价值。通过深入剖析 MCP 的架构、协议实现与典型案例，帮助读者全面理解 MCP 在 AI 生态中的作用和未来的发展趋势。

1. MCP 的基本原理与发展

（1）定义与起源

MCP 的全称为 Model Context Protocol，它是一种开放的标准协议，旨在为应用程序向大模型提供上下文信息，建立统一接口。MCP 的出现，类似于为 AI 应用提供了“通用接口”，让模型能够无缝对接各种数据源与工具。MCP 由 Anthropic 公司于 2024 年 11 月开源，解决了以往每个数据源都需要独立适配的碎片化问题，大幅提升了 AI 系统的可扩展性和集成效率。

（2）核心架构

MCP 采用典型的客户端—服务器模式，主要组件如下。

- 主机（Host）：如 Claude Desktop、IDE 等，负责发起数据访问请求。
- 客户端（Client）：维护与 MCP 服务器的连接，转发指令与数据。
- 服务器（Server）：通过标准协议暴露特定功能，供 AI 模型调用。
- 本地数据源（Local Data Source）：如本地文件、数据库等，MCP 服务器可安全访问。
- 远程服务（Remote Service）：通过 API 等方式连接的外部系统。

MCP 的架构让主机程序能够同时接入多个服务器，灵活实现与不同数据源和工具的交互，极大丰富了 AI 模型的应用场景。

（3）发展历程

MCP 的诞生得益于 AI 工具与模型交互方式的不断演进。传统函数调用（Function Call）虽然实现了模型对外部函数的调用，但存在平台兼容性差、开发重复性高等问题。MCP 通过标准化协议，统一了模型与外部系统的连接方式，推动了 AI 生态的开放和协同发展。

2. MCP 的技术基础与协议分析

（1）理论基础

MCP 的设计理念主要基于以下几个方面。

- 上下文感知能力：现代大模型能够理解并利用丰富的上下文信息，MCP 正是通过结构化上下文输入来提升模型与外部系统的协作能力。
- 标准化接口：借鉴 USB-C 等硬件接口的标准化理念，MCP 为 AI 应用提供统一的软件接口，简化开发与集成过程。
- 函数调用机制的扩展：MCP 在传统函数调用的基础上，进一步统一了不同模型与工具之间的交互方式。
- 语言服务器协议启发：MCP 吸收了语言服务器协议（Language Server Protocol，LSP）的思想，将上下文与工具集成标准化，促进了 AI 应用生态的繁荣。

（2）与其他协议的对比

- **MCP vs Function Call**：传统 Function Call 机制允许模型调用预设函数，但平台依赖性强、适用场景有限。MCP 则提供了开放、统一的标准，支持跨平台、跨工具的复杂应用场景，提升了安全性、灵活性和生态兼容性。
- **MCP vs 其他 AI 协议**：例如，ReAct 等协议虽然实现了模型与工具的交互，但多为专有标准，互操作性有限。MCP 通过开放协议消除了专有壁垒，推动了 AI 工具和模型的生态融合。

（3）适配多类型模型

MCP 通过统一接口和标准协议，支持多种机器学习和深度学习模型，并提供多语言 SDK（如 Python、TypeScript、Java、Kotlin、C#），极大降低了开发门槛。

（4）在大规模应用中的挑战

在大规模应用中，MCP 面临性能、安全、可扩展性、错误处理和协议兼容等挑战。为此，MCP 基于 JSON-RPC 2.0 通信协议，定义了严格的安全原则，并提供了详细的实施指南，帮助开发者构建高效、安全、可扩展的 AI 系统。

3. MCP 的运行机制与流程

（1）架构组成

MCP 的运行架构依然基于主机—客户端—服务器三层结构，支持同时连接多个服务器，实现了多数据源、多工具的协同。

（2）工作流程

MCP 的典型工作流程包括以下步骤。

- 客户端获取服务器可用工具列表。
- 用户在主机端发起查询请求，模型分析问题及可用工具。
- 模型选择合适的工具，决定调用方式。
- 客户端通过 MCP 服务器执行工具，获取结果。
- 模型结合工具执行结果生成最终结果。
- 将最终结果展示给用户。

这一流程确保了模型能够智能调用外部工具，提升了任务处理的准确性和效率。

（3）实现机制

MCP 基于 JSON-RPC 2.0 通信协议，服务器可向客户端暴露资源、提示、工具等功能，并支持配置、进度追踪、错误报告等扩展功能，极大增强了协议的实用性和可维护性。

4. MCP 的优势、局限与适用场景

（1）优势

- 开放性：有利于 API 开发与生态扩展。
- 避免重复开发：统一标准，减少重复造轮子。
- 灵活兼容：支持多模型、多工具自由切换。
- 数据安全：敏感数据可在本地处理，增强隐私保护。
- 生态协同：推动 AI 系统在不同的工具与数据集间高效协作。

（2）局限

- 实现过程复杂：协议和架构理解有一定的门槛。
- 依赖性：需主机与工具支持 MCP。
- 性能开销：多层通信可能带来一定延迟。

（3）适用场景

MCP 适用于需要多数据源、多工具协作、高安全性、复杂工作流管理等场景，尤其适用于企业级、开发者工具和智能代理等应用领域。

5. MCP 的实际应用与案例分析

（1）应用领域概览

MCP 目前已在数据管理、开发工具、网络自动化、生产力工具、AI 专业工具等多个领域落地，展现了极强的适应性和扩展性。

（2）典型应用场景

数据管理

- 文件操作：安全访问本地文件，支持读取、写入、搜索等操作。
- 数据库集成：支持 PostgreSQL、SQLite 等数据库的只读访问和模式

检查。

- 云端文件管理：如 Google Drive 文件的访问与检索。

开发工具

- 代码仓库管理：与 Git、GitHub、GitLab 集成，实现代码审查、协作与项目管理。
- 错误追踪：集成 Sentry 等平台，提升软件质量。

网络自动化

- 网络搜索：通过 Brave 等 API 实现网络与本地信息检索。
- 网页抓取与自动化：集成 Puppeteer 等工具，实现对网页内容的采集与自动化测试。

生产力工具

- 消息与协作：例如，与 Slack 集成，实现消息管理与频道协作。
- 位置服务：例如，与 Google Maps 集成，支持位置查询与导航。
- 知识管理：基于知识图谱的持久记忆系统。

AI 专业工具

- AI 图像生成：如 EverArt，支持多模型图像生成。
- 复杂推理：如 Sequential Thinking，提升模型的动态决策能力。
- 云端知识检索：如 AWS KB Retrieval，访问云知识库。

（3）典型案例分析

案例一：策略文件管理。

量化交易系统开发者可借助 MCP 服务器，安全地读取和管理本地策略脚本文件。例如，用户可以让 AI 助手将最新的量化交易策略代码自动保存到指定目录，或快速列出当前策略库中所有可用的交易策略脚本。这种能力极大提升了策略管理的自动化水平，便于策略的归档、版本控制与快速调用。

案例二：交易数据查询与分析。

MCP 服务器支持 AI 助手对行情数据库进行查询与分析。用户可以请求 AI 助手自动提取某一时间段内的历史 K 线数据、成交明细，或根据数据库中的行情数据自动生成回测报告、统计策略表现指标（如夏普比率、最大回撤等）。这一能力显著提高了量化交易策略的数据处理智能化和自动化分析水平。

案例三：策略代码审查与协作。

通过集成代码仓库与项目协作工具，MCP 让 AI 助手能够自动审查量化交易策略代码的规范性与逻辑正确性。例如，开发团队成员提交新的交易策略后，AI 助手可自动检测潜在的编程错误、风险敞口过大等问题，并跟踪策略开发进度，自动生成协作报告。这为量化团队提供了高效的智能协作能力与质量保障。

案例四：市场信息自动获取与策略信号生成。

利用 MCP 服务器集成网络数据源，AI 助手可以自动检索最新的财经新闻、宏观经济数据或市场公告，并结合策略逻辑自动生成交易信号。例如，AI 助手可在检测到某公司财报发布后，自动抓取相关数据并评估对当前持仓的影响，及时调整策略参数或发出交易指令。这大大丰富了量化交易策略的信息来源和动态适应能力。

（4）挑战与应对策略

- 工具选择智能化：通过结构化描述与示例训练模型，提升工具选择的准确性。
- 工具文档质量：优化工具名称、功能说明与参数描述，确保模型理解无误。
- 结果反馈机制：采用结构化 JSON 格式返回工具执行结果，便于模型处理与生成高质量回复。
- 工具列表管理：通过多叉树等结构优化工具检索，避免上下文溢出。
- 模型适配性：通过标准化描述实现对不同模型的广泛兼容。

6. MCP 的实现与开发支持

（1）官方 SDK 与开源工具

MCP 官方提供了 Python、TypeScript、Java、Kotlin、C#等多语言 SDK，支持开发者快速实现 MCP 服务器与客户端。社区还开发了 CLI 工具、Inspector 调试器、Super Gateway 等辅助工具，极大简化了开发与集成流程。

（2）实现流程

- 环境配置：安装所需 SDK 与开发环境。

> 例如，在使用 Python SDK 时，需要安装 Python 3.10 及以上版本、Python MCP SDK 1.2.0 及以上版本的环境。在使用 TypeScript SDK 时，需要安装 Node.js 和 TypeScript 编译器。

- 创建服务器：利用 SDK 快速搭建 MCP 服务器。

> 例如，在使用 Python SDK 时，可以使用 FastMCP 类创建 MCP 服务器：

```
from mcp.server.fastmcp import FastMCP
mcp = FastMCP("桌面 TXT 文件统计器")
```

- 定义工具函数：通过装饰器等方式定义可调用工具。

例如，在使用 Python SDK 时，可以使用@mcp.tool()装饰器定义工具函数：

```
@mcp.tool()
def count_desktop_txt_files() -> int:
    """Count the number of .txt files on the desktop."""
    # Get the desktop path
    username = os.getenv("USER") or os.getenv("USERNAME")
    desktop_path = Path(f"/Users/{username}/Desktop")
    # Count .txt files
    txt_files = list(desktop_path.glob("*.txt"))
    return len(txt_files)
```

- 运行服务器：启动服务，监听客户端请求。

例如，在使用 Python SDK 时，可以调用 run()方法启动 MCP 服务器：

```
if __name__ == "__main__":
    # Initialize and run the server
    mcp.run()
```

- 主机集成：在主机应用中配置 MCP 服务器参数，完成集成。

例如，在 Claude Desktop 中，需要在 claude_desktop_config.json 配置文件中添加 MCP 服务器的配置：

```
{
    "mcpServers":{
        "txt_counter":{
            "command":"/Users/{username}/.local/bin/uv",
            "args":[
                "--directory",
                "/Users/{username}/work/mcp-learn/ code-
example-txt",
                "run",
                "txt_counter.py"
```

```
            ]
        }
    }
}
```

（3）评估集成难度

- 技术复杂度：协议理解与服务器实现有一定门槛，但官方文档与示例丰富，易于上手。
- 开发语言支持：主流开发语言均有 SDK，极大降低了集成难度。
- 生态系统完善：现有服务器实现丰富，开发者可直接复用，减少重复开发。

（4）开发与调试实践

- 最佳实践：充分利用官方文档与现有服务器，遵循安全原则，优化工具描述。

> 使用大模型构建 MCP 的最佳实践：Anthropic 提供了一个基于大模型的 MCP 服务器的最佳开发实践，总结如下。
>
> • 引入 domain knowledge（告诉大模型一些 MCP 服务器开发的范例和资料）。
>
> • 访问 MCP 的 TypeScript SDK 或 Python SDK GitHub 项目并复制相关内容。
>
> • 把这些作为提示词输入你的 chat 对话中（作为 context）。
>
> • 描述你的需求，包括你的服务器会开放哪些资源、提供哪些工具、包含哪些引导或建议、需要与哪些外部系统互动等。

- 调试方法：借助 Inspector 等工具进行交互式测试，完善日志与错误处理机制，提升系统的稳定性。

使用 MCP Inspector：MCP Inspector 是一个交互式调试工具，可以帮助开发者测试和检查 MCP 服务器。开发者可以通过 MCP Inspector 与 MCP 服务器交互，测试服务器的功能和性能。例如，启动 MCP Inspector 的命令如下。

```
$ mcp dev txt_counter.py
Starting MCP inspector...
Proxy server listening on port 3000
MCP Inspector is up and running at http://localhost:5173
```

- 社区支持：活跃的开源社区为开发者提供了丰富的资源与交流平台。

GitHub 仓库：MCP 的官方 GitHub 仓库提供了源代码、文档和示例，帮助开发者理解 MCP 的实现和应用。开发者可以在这些仓库中查找问题、提出建议和贡献代码。

GitHub 讨论：MCP 的 GitHub 讨论区提供了讨论和交流的平台，开发者可以在这些讨论区中提问、回答和分享经验。例如，MCP specification discussions 和 organization discussions 提供了关于 MCP 规范和组件的讨论。

7. MCP 的未来展望

（1）潜在发展方向

- 扩展性提升：未来将支持更多的数据源、云服务与专业工具。
- 跨平台兼容：持续优化多平台支持，适应多样化的开发环境。
- 安全与隐私增强：引入更严格的数据保护与访问控制机制。
- 性能优化：提升协议效率，支持大规模高并发应用。
- 智能代理集成：更好地服务于 AI 智能代理，支持复杂决策与交互。

（2）与新兴技术融合

- 量子计算：探索如何将 AI 与量子计算相结合，提升计算能力。
- 5G 与边缘计算：利用高速网络与边缘部署，优化实时交互体验。
- 区块链：通过区块链提升系统的安全性与数据的可追溯性。

（3）市场与生态前景

MCP 有望在企业级应用、开发者工具、个人生产力和行业专用场景中发挥关键作用，推动 AI 生态系统向标准化、互操作性和安全性的方向发展，为 AI 应用落地提供坚实基础。

MCP 作为 AI 领域的重要创新，为模型与外部系统的高效协作提供了标准化路径。随着技术的演进和生态的完善，MCP 必将在智能化时代扮演核心角色，助力 AI 应用走向更广阔的未来。

2.5.4 智能体桥梁：深度解读 Agent2Agent 协议

本节将深入探讨一项极具前瞻性的技术——Agent2Agent 协议，简称 A2A 协议。

1. A2A 协议究竟是什么

如果你的家中有多个智能助手，包括苹果的 Siri、小米的“小爱同学”以及亚马逊的 Alexa。它们各自具备强大的功能——Siri 能帮你订外卖，小爱同学能查询天气，Alexa 能播放音乐。然而，问题也随之而来，它们彼此之间完全“不认识”，无法协同工作。例如，你希望 Siri 告诉小爱同学你想吃火锅，小爱同学再通知 Alexa 播放音乐，但它们却无法完成这样的任务。

此时，A2A 协议应运而生。简单来说，A2A 协议是 Google 设计的一种通用语言，旨在让不同公司、不同技术背景的 AI 助手（我们称之为 AI Agent）能够互相“对话”、共享信息，共同完成任务。

为了更直观地理解 A2A 协议，设想 AI Agent 是来自不同国家的大使，如美国大使、中国大使和日本大使等。他们各自具备出色的能力，但若没有一种共同的语言，他们就无法共同商讨问题。A2A 协议就像为这些大使准备的“国际语言”，使他们能够坐下来共同讨论，分工合作，解决更复杂的问题。因此，A2A 的核心目标是：让 AI Agent 从单打独斗转变为团队协作。

2. 为什么需要 A2A 协议

你可能会问：“AI Agent 助手自己完成任务不就好了吗？为什么要费力让它们合作呢？”其实，这背后有着非常现实的需求。

（1）AI Agent 的“孤岛困境”

如今，AI Agent 已经渗透到我们生活的方方面面——从企业办公（撰写邮件、安排会议、管理项目）到客户服务（回答问题、处理订单、提供支持），再到日常生活（提醒你吃药、控制家电、规划出行）。但这些 AI Agent 大多由不同的公司开发，采用的技术也不尽相同。它们就像生活在不同孤岛上的居民，彼此之间隔着一条无法逾越的鸿沟。

这种情况带来了几个显著的问题。

- 信息孤岛：每个 AI Agent 只能使用自己的数据，无法获取其他 AI Agent 掌握的信息。
- 重复劳动：如果一个任务需要多个 AI Agent 协作，用户需要自己充当“信使”，在不同的 AI Agent 之间传递信息，这无疑增加了用户的负担。
- 体验不连贯：用户需要频繁切换不同的 AI 助手，操作起来十分烦琐。

（2）A2A 协议的“桥梁”作用

A2A 协议就像在这些“孤岛”之间架起了一座桥梁。它使得 AI Agent 能够互相找到对方、共享信息，并一起完成更复杂的任务。

举个例子：假设你在计划一次旅行。在没有 A2A 协议的情况下，你需要分别向天气助手、地图助手和酒店助手咨询。而现在，有了 A2A 协议，天气助手可以直接告诉地图助手“明天有雨”，地图助手再通知酒店助手“预订带室内泳池的酒店”，最后为你呈现一个完整的旅行方案。你无须担心，一切由 AI Agent 自己搞定。

（3）A2A 协议的意义

A2A 协议的出现，不仅让 AI Agent 更加智能和高效，还让它们在使用过程中更加贴心。未来，A2A 协议可能会彻底改变我们与科技互动的方式，使生活变得更加便捷。

3. A2A 协议是如何运作的

现在，我们已经了解了 A2A 协议是什么，接下来将深入探讨它具体是如何让 AI Agent 协作的。

（1）什么是 AI Agent

首先，需要明确 AI Agent 的概念。简单来说，它们就是那些能够自主工作的 AI 程序，举例如下。

- 聊天机器人：如 Siri，能与你对话。
- 自动化工具：如能够自动整理文件的程序。
- 专业助手：如医疗 AI，能分析健康数据。

每个 AI Agent 都有其独特的“技能”，就像团队中的不同成员——有的擅长文字处理，有的擅长数据分析，有的擅长图像设计。

（2）A2A 协议的核心功能

A2A 协议就像一本“团队协作手册”，为 AI Agent 设定了几个基本规则，使它们能够顺利合作。具体来说，A2A 协议实现了以下 4 项核心功能。

- 发现彼此：让 AI Agent 知道“谁在场”，谁具备何种能力。
- 沟通交流：提供一种标准化的方式，使它们能够互相发送和接收消息。
- 协作任务：规定如何共同完成一项任务，从开始到结束。
- 统一体验：确保它们在与用户交互时（无论是通过文字还是语音）风格一致，避免混乱。

（3）用生活中的例子解释协议内容

A2A 协议中有一些关键概念，听起来可能有些抽象，但可以用生活中的例子来说明。

- 任务（Task）：就像你要完成一门课程的“作业”，如“订购一张去上海的火车票”。
- 消息（Message）：就像针对作业的沟通交流，如“用户想要上午的票，还是下午的票？”
- 产物（Artifact）：就像作业的成果，如订购好的火车票信息。
- 内容块（Content Block）：就像作业中的一部分资料，如“用户偏好的座位类型”。

借助以下量化交易场景，可加深理解。

- 任务：好比构建一个量化趋势跟踪策略，整体目标是捕捉市场趋势、获取收益。
- 消息：犹如交易过程中各交易模块间的沟通指令，如风险控制模块告知交易执行模块“当前市场风险上升，需降低杠杆倍数”。
- 产物：代表交易策略的阶段性成果，如量化交易模型的回测报告、交易信号生成记录等。

- 内容块：好比市场数据片段、交易参数配置文件等资料，为交易策略执行提供基础信息。

在 A2A 协议中，这些内容是通过一种称为 JSON-RPC 的格式组织的。虽然 JSON-RPC 的名字看起来复杂，但它实际上就像一个标准化的“信封”，将信息打包好，让所有 AI Agent 都能读懂。

（4）工作流程举例

让我们通过一个例子来看 A2A 协议如何运转。

你对 AI 助手说：“帮我计划周末的野餐。”

任务分配：主 AI 将任务拆分为——天气助手查天气、购物助手买食材、地图助手找地点。

消息传递：天气助手报告“周六有雨”，购物助手决定购买雨伞，地图助手推荐室内场地。

成果汇总：所有 AI 将结果提交给主 AI，主 AI 告诉你“周六在室内野餐，食材和雨伞已准备好”。

在整个过程中，AI 通过 A2A 协议无缝沟通，你只需等待结果。

让我们再看一个例子，以量化多因子策略为例。

设想一个量化多因子选股策略场景，主量化交易 AI 助手接收到“协助优化量化多因子选股策略”的指令后，立即启动 A2A 协议。

你对 AI 助手说：“帮我复盘今日的市场，并优化今日的策略。”

任务分配：主量化交易 AI 助手将任务拆解为基本面因子分析、技术面因子分析、市场情绪因子分析与因子合成 4 个子任务，分别指派给基本面分析 AI 助手、技术分析 AI 助手、市场情绪分析 AI 助手与因子合成 AI 助手。

消息传递： 基本面分析 AI 助手迅速反馈“最新财报数据显示，科技板块盈利增长预期上调”；技术分析 AI 助手据此调整技术因子权重，增加科技股相关技术指标的筛选力度；市场情绪分析 AI 助手结合社交媒体舆情与投资者情绪数据，确认科技板块当前市场情绪积极；因子合成 AI 助手综合以上信息，优化多因子模型参数，提高科技板块股票在投资组合中的权重分配，并告知交易执行 AI 助手最优的交易时机与仓位建议。

成果汇总： 各量化交易 AI 助手将详细的因子分析结果与交易建议提交给主量化交易 AI 助手，后者整合信息后，向交易者呈现完整的量化多因子选股策略优化方案，涵盖因子调整明细、预期收益率与风险指标预测、交易执行计划等细节。

在整个流程中，各量化交易 AI 助手通过 A2A 协议紧密协作，交易者只需静待优化后的策略执行成果。

4. A2A 协议的五大原则

在设计 A2A 协议时，Google 设定了五大原则，以确保其既实用，又高效。

- 拥抱多样性：AI Agent 可以来自不同的公司，使用不同的共享数据，但仍能合作。
- 用现有技术：基于 HTTP、JSON 等常见标准，便于与现有系统对接。
- 安全第一：具备企业级加密和权限管理，确保数据不泄露。
- 支持长任务：无论是几秒的小任务，还是几天的复杂任务，AI Agent 都能顺利完成。
- 形式灵活：AI Agent 可以通过文字、语音、图片等方式交流，随心所欲。

这些原则确保了 A2A 协议既强大，又实用，能够适应各种场景。

5. A2A 协议的应用场景

现在，我们来看看 A2A 协议在现实中的具体应用。

（1）在企业中的应用

在企业中，A2A 协议可以显著提升工作效率，举例如下。

> 招聘流程：第一个 AI 助手筛选简历，挑选合适的人选；第二个 AI 助手安排面试时间；第三个 AI 助手审查候选人的背景。它们通过 A2A 协议互相传递信息，自动完成整个流程，HR 只需最后做决策。
>
> 供应链管理：第一个 AI 助手监控库存，发现库存不足；第二个 AI 助手预测未来需求；第三个 AI 助手联系供应商订货。结果是仓库永远不缺货，成本还降低了。

（2）在日常生活中的应用

在家庭中，A2A 协议能够让生活更加美好，举例如下。

> 智能家居：冰箱发现牛奶不足，通知智能音箱；音箱提醒你购买牛奶，或者直接下单；空调根据天气自动调节温度。
>
> 个人助理：日历 AI 助手发现你有会议，通知邮件 AI 助手发送邀请；健康 AI 助手提醒你在会议前喝水休息。整个过程无缝衔接，就像有一个贴心管家。

6. A2A 协议与 MCP 的关系

MCP 和 A2A 协议有些相似，但又不完全相同。

- MCP：帮助 AI Agent 调用外部工具和数据，如查网页、用计算器等。

- A2A 协议：让 AI Agent 之间直接交流、组队干活。

> 打个比方：MCP 为 AI Agent 配了一个“工具箱”，而 A2A 协议是给 AI Agent 找了“队友”。两者可以一起使用，一个管“外接”，一个管“内联”。

7. A2A 协议的未来展望

A2A 协议的推出，标志着 AI 进入了一个新的阶段——协作智能时代。

- 我们可以期待更多 AI Agent 的加入：越来越多的公司将开发兼容 A2A 协议的 AI Agent。
- 我们可以期待更复杂的任务：AI 团队能够解决以前单个 AI Agent 无法完成的难题。
- 我们可以期待更好的体验：在使用 AI 协议时更加顺畅，就像与真人团队合作一样。

未来，你可能只需一个“主 AI 助手”，它通过 A2A 协议指挥一群小助手，帮你处理生活中的各种事务。

※总结

A2A 协议打破了不同背景的 AI Agent 之间的信息孤岛，提高了协作效率，并使用户体验更加流畅。从企业自动化到智能家居，从个人助理到未来生活，A2A 协议正在悄然改变我们的世界。未来，它可能会让 AI Agent 像人类团队一样紧密合作，带给我们一个更智能、更便捷的时代。

2.6　本章小结

通过对本章的学习，读者能够全面了解生成式 AI 在量化交易中的应用潜力，并掌握与 AI 高效互动的核心技能。希望读者在学习过程中，思考“你认为大模型在量化交易中最具变革性的应用是什么？”这一问题，为后续的深入探讨做好准备。

3

第 3 章 AI 量化交易策略及实战案例

在 AI 技术的推动下，量化交易正经历着深刻的变革。本章将带领读者从数据理解到策略开发，系统梳理如何以 AI 为核心，结合真实市场场景，构建具备实战价值的量化交易策略。无论你是初学者，还是有一定经验的投资者，都能通过学习本章掌握 AI 量化交易策略的核心流程、常用工具和落地方法。

本章首先从数据准备入手，强调数据在量化交易策略中的基础地位。你将了解行情、财务、舆情、研报、LV2 订单簿等多种数据类型，掌握数据源的获取、预处理、缺失值和异常检测等关键环节，并熟悉 AKShare、Tushare、jqdatasdk 等主流数据工具的实际应用方法。这一部分将为后续的策略开发打下坚实的数据基础。

随后，我们将深入探讨不同类型的量化交易策略，并根据投资者的需求进行归类。每个策略模块都旨在满足特定投资者的需求，帮助他们更好地理解和应用 AI 量化交易策略。

- 基本面量化：针对价值投资者，重点分析财务指标与业绩预测，帮助他们发掘被低估的优质资产，包括“财务指标的深度解析与业绩预测”和“研报因子的自动化解析与建模”，为价值投资者提供扎实的基本面分析工具。
- 资产配置量化：专为机构投资者设计，强调多因子动态加权模型与资金流向分析，帮助他们优化资产配置与风险管理，包括“多因子动态加权模型”和“资金流向与板块轮动复盘”，为机构投资者提供科学的资产配置策略。

- 阿尔法量化：面向风险厌恶型投资者，聚焦于市场情绪与机器学习的应用，提供稳健的投资策略，包括“LV2 订单簿不平衡因子的挖掘”“机器学习量价特征工程”和“市场情绪量化评分系统”，将帮助风险厌恶型投资者识别市场机会并降低风险。
- 贝塔量化：适合博弈型投资者，强调量价因子与高频策略的开发，帮助他们在市场波动中捕捉短期机会，包括“竞价阶段量价因子的挖掘”“复盘连板梯队结构与晋级率分析”“高频量价数据策略开发”“高频动量衰减因子开发”和“龙头股特征提取与模仿策略”，为博弈型投资者提供灵活的交易策略。
- 另类量化：为拥有独家数据的投资者提供创新的策略，关注舆情监控与事件驱动分析，包括“舆情监控与事件驱动分析”“游资席位行为模式解析”和“涨停原因归类与题材持续性评估”，将帮助拥有独家数据的投资者利用独特的数据源获取竞争优势。

通过了解不同类型的量化交易策略，读者可以根据自身的投资风格、资金规模和交易信仰，选择最适合自己的策略，从而在量化交易的实践中获得成功。

本章围绕 15 个核心实战策略模块展开，每个策略模块都遵循统一的结构：首先介绍策略逻辑与来源，帮助读者理解策略背后的市场原理；接着明确数据需求与获取方法，确保读者能高效采集与处理所需数据；然后通过对模型、代码和流程图的详细讲解，拆解 AI 在量化交易策略开发中的具体实现；同时，分析策略的应用环境与实战适用性，指出常见错误及优化建议，帮助读者规避实操中的陷阱；此外，针对 AI 驱动的策略开发，特别设计了提示词模板，提升实战效率；最后，每一部分都配有“练习建议与反思问题”，帮助读者巩固所学、灵活应用。

通过对本章的学习，读者将系统掌握 AI 量化交易策略的开发流程，能够独立完成从数据准备、策略设计、模型实现到实盘应用的全过程。更重要的是，读者将具备用 AI 工具高效挖掘市场机会、持续优化交易体系的能力，为迈向专业量化投资阶段打下坚实基础。

3.1 量化交易的数据基石

在 AI 量化交易的世界中，数据是构建策略的基石。无论是最基础的均线策略，还是前沿的深度学习模型，都离不开高质量的数据支撑。数据的类型、获取方式、预处理流程、异常与缺失值的处理，都会直接影响策略的有效性和稳定性。本节将系统讲解 AI 量化交易策略开发中常用的数据类型、主流数据源与获取工具，以及数据预处理的核心要点，为读者后续的策略开发打下坚实的数据基础。

3.1.1 数据类型详解

1. 行情数据

行情数据是量化交易中最基础的数据类型，涵盖股票、期货、外汇等资产的价格、成交量、涨跌幅、换手率等信息。常见的行情数据包括日线、分钟线、Tick 等级别的数据。日线数据适用于中长周期策略，分钟线和 Tick 数据则是高频和超高频策略的必备基础。随着市场微结构研究的深入，LV2 订单簿等更细粒度的数据也逐渐成为 AI 量化交易策略的重要素材。

2. 财务数据

财务数据反映了上市公司的基本面状况，包括资产负债表、利润表、现金流量表、财务比率、业绩预告、分红送转等。财务数据不仅是价值投资的重要依据，也是多因子模型、业绩预测等 AI 量化交易策略的重要输入。高质量的财务数据能帮助模型更准确地刻画企业价值与成长性。

3. 舆情数据

舆情数据包括新闻、公告、社交媒体、论坛、博客等信息源。随着自然语言处理技术的发展，舆情数据已成为事件驱动、情绪分析等 AI 量化交易策略的核心要素。通过对舆情数据的采集与分析，AI 模型可以捕捉市场情绪变化、重大事件影响，从而提升策略的前瞻性和敏感度。

4. 研报数据

研报数据主要指券商、研究机构发布的行业和公司研究报告。研报中包含了分析师对公司基本面、行业趋势、盈利预测等的专业见解。AI 模型可以自动化地解析研报文本，提取关键信息，构建研报因子，辅助策略开发和投资决策。

5. LV2 订单簿数据

LV2 订单簿数据记录了市场中每一档买卖委托的挂单情况，反映了市场的流动性、深度和微观结构。通过分析 LV2 数据，AI 模型可以挖掘高频交易信号、订单簿不平衡因子、盘口异动等，为高频和量价策略提供丰富的信息源。

3.1.2 数据源获取与主流工具

1. 数据源选择

数据源的选择会直接影响数据的质量和可用性。常见的数据源包括交易所官方数据、券商 API、第三方数据平台（如同花顺、东方财富、Wind、Choice 等）、开源数据接口（如 AKShare、Tushare、jqdatasdk 等）。在选择数据源时，应关注数据的完整性、时效性、准确性和合规性。

2. 数据获取工具

（1）同花顺问财

同花顺问财是一款面向个人投资者的数据查询与策略筛选工具，支持自然语言查询，能够让用户快速获取行情、财务、公告等多类数据。其优势在于便捷性强和覆盖面广，适合策略原型开发和数据初步探索。

（2）AKShare

AKShare 是一个基于 Python 的开源金融数据接口库，支持股票、期货、期权、外汇、数字货币等多个市场的数据获取，涵盖行情、财务、宏观、新闻、研报等多种数据类型。AKShare 接口丰富、易于集成，适合量化交易策略的批量数据采集与自动化处理。

（3）Tushare

Tushare 同样是一个流行的 Python 金融数据接口库，提供股票、指数、期货、基金等多个市场的数据服务，支持行情、财务、宏观、新闻等多维度数据。Tushare 社区活跃，文档完善，适合量化回测、因子研究等应用场景。

（4）jqdatasdk

jqdatasdk 是聚宽平台的数据接口，支持 A 股、港股、期货、期权、基金等多个市场的数据获取，涵盖行情、财务、宏观、因子等多类型的数据。聚宽平台还提供了量化回测、模拟交易等一站式服务，适合策略开发与实盘应用。

3.1.3 数据预处理的核心环节

1. 数据清洗

原始数据常常存在重复、缺失、异常等问题。数据清洗的目标是去除无效数据、填补缺失值、修正异常点，确保后续分析的准确性。常见的数据清洗方法包括去重、填补缺失值（均值、中位数、插值法等）、异常值检测与修正（Z-score、箱型图等）。

2. 缺失值处理

缺失值是量化数据处理中不可避免的问题。处理缺失值的主要方法如下。

- 删除法：适用于缺失比例极低的样本。
- 填充法：用均值、中位数、前后值、模型预测等方式填补。
- 插值法：对时间序列数据可用线性插值、拉格朗日插值等方法。
- 标记法：将缺失作为一种特殊状态输入模型。

选择何种方法需结合数据特性与策略需求而定，避免引入偏差。

3. 异常值的检测与处理

异常值可能因数据录入错误、极端市场事件等原因而产生。常用的异常值检测方法如下。

- 统计方法：如 Z-score、箱型图、分位数法。
- 机器学习方法：如孤立森林、聚类分析等。
- 业务规则：如涨跌停板、成交量突变等。

对于检测到的异常值，可选择剔除、修正或用合理值替换，确保策略的稳健性。

4. 数据标准化与归一化

不同因子的量纲和取值范围可能差异较大，需统一处理。常用方法包括 Z-score 标准化、Min-Max 归一化、对数变换等。标准化后的数据有助于提升模型的收敛速度和预测精度。

5. 特征工程与数据增强

在 AI 量化交易策略开发中，特征工程是提升模型表现的关键，包括特征选择、特征构造、交互特征生成等。数据增强则通过采样、噪声注入、合成样本等方式，提升模型的泛化能力。

3.1.4 实战案例：数据获取与预处理流程

下面以 A 股日线行情和财务数据为例，简要介绍数据获取与预处理的常用流程。

1. 数据采集

使用 AKShare 或 Tushare 获取目标股票的日线行情和财务数据。例如：

```
Python
import akshare as ak
# 获取日线行情
stock_zh_a_daily = ak.stock_zh_a_daily(symbol="sh600000")
# 获取财务数据
stock_financial =
ak.stock_financial_report_by_report_type(symbol="600000",
report_type="年度")
```

2. 数据合并与对齐

将行情数据与财务数据按日期对齐，确保特征与标签匹配。

3. 缺失值与异常值的处理

对缺失的财务数据进行填充，对异常的价格波动进行检测和修正。

4. 特征构造与标准化

基于原始数据构造技术指标（如均线、波动率等），并进行标准化处理。

3.1.5 数据保存与管理

将处理好的数据保存为本地 CSV 文件或数据库，便于后续调用与复现。

1. 数据质量对策略的影响

高质量的数据是策略成功的前提。数据缺失、异常、延迟、错误都可能导致策略失效甚至亏损。AI 模型对数据分布的变化极为敏感，数据漂移、样本不均衡等问题需引起高度重视。在策略开发与实盘部署过程中，建议持续监控数据质量，建立完善的数据校验与报警机制。

2. 工具对比与选型建议

- 同花顺问财适合快速查询和策略原型开发，门槛低、效率高，但自动化和批量处理能力有限。
- AKShare 和 Tushare 适合 Python 开发者，接口丰富，适合批量数据采集和自动化处理，适用于回测和因子研究。
- jqdatasdk 适合对数据完整性和时效性要求较高的策略开发者，配合聚宽平台可实现一站式开发与实盘部署。

在实际应用中，建议结合多种工具，交叉验证数据的一致性，提升数据的可靠性。

3. 小结与实践建议

本节系统梳理了 AI 量化交易策略开发中常用的数据类型、主流数据源、获取工具及数据预处理的核心流程。数据准备是策略开发的第一步，也是决定策略成败的关键环节。建议读者在实际操作中，注重数据质量管理，熟练掌握各类工具的使用方法，结合自身策略需求灵活选型。只有打好数据基础，才能让 AI 量化交易策略在实战中发挥最大效能。

3.1.6　练习建议与反思问题

- 尝试用 AKShare 或 Tushare 获取某只股票的日线行情和财务数据，完成数据清洗与特征构造。
- 针对舆情和研报数据，设计自动化采集与预处理流程，并尝试用自然语言处理方法提取关键信息。
- 结合自身策略需求，评估不同数据源和工具的优缺点，制定数据质量保障方案。
- 在实盘环境下，如何应对数据延迟、异常、漂移等问题，以保障策略稳定运行？

通过对本节的学习和实践，读者将掌握 AI 量化交易策略开发中数据准备的全流程，为后续的策略开发和实盘应用打下坚实基础。

3.2　财务指标的深度解析与业绩预测（基本面量化）

3.2.1　策略逻辑与来源

在 AI 赋能的量化投资时代，传统财务因子（如 ROE、现金流、营收增长）与文本信息（如财报管理层展望、研发投入表述）融合，成为预测公司未来业绩修正方向的重要依据。尤其在 A 股市场，业绩“超预期”往往会带来显著的股价异动，成为事件驱动策略的核心信号。

本节的核心内容如下。

- 财报文本与财务数据融合：通过自然语言处理技术，自动提取财报中管理层关于研发投入、产能扩张等表述，结合净资产收益率（ROE）、现金流等硬指标，形成多维度业绩预测因子。

- 盈利修正方向预测：利用历史数据训练 AI 模型，预测公司未来 3 个季度净利润的变化趋势，判断是否存在超预期机会。
- 事件驱动选股：筛选出业绩有望上修的个股，构建事件驱动策略，捕捉超额收益。

该策略来源于近年来 AI 技术在金融文本挖掘领域的突破，以及事件驱动型量化交易策略在实盘中的优异表现。通过深度解析财务指标和管理层信号，能够使量化投资者更精准地把握盈利修正带来的投资机会。

3.2.2 数据需求与获取方法

1. 财报文本数据

内容：上市公司近 3 年定期报告（年报、季报、半年报）中的管理层讨论与分析、未来展望、研发投入说明等章节。

来源：

- 东方财富 Choice、Wind、同花顺等金融终端。
- 巨潮资讯等公开数据平台。
- 通过爬虫自动抓取 PDF/HTML 并提取文本。

2. 财务结构化数据

主要指标：ROE、现金流、营收结构、净利润、研发投入、产能扩张资本支出等。

来源：

- Wind、东方财富等数据库。
- Tushare 等开源数据接口（Python 支持良好）。

3. 市场行情与事件标签

- 内容：历史股价、业绩预告、盈利修正公告等。
- 来源：同上，或通过 Tushare、AKShare 等免费 API 获取。

4. 数据获取代码示例

```
Python

import tushare as ts
import pandas as pd

# 初始化 Tushare
ts.set_token('你的 Tushare Token')
pro = ts.pro_api()

# 获取财务数据
df_fin = pro.fina_indicator(ts_code='000001.SZ',
start_date='20210101', end_date='20231231')

# 获取财报文本（假设已爬取到本地）
with open('000001_2022_annual_report.txt', 'r', encoding='utf-
8') as f:
    report_text = f.read()

print(df_fin.head())
print(report_text[:500])  # 打印前 500 字
```

3.2.3　流程图、模型与代码讲解

1. 流程概览

- 数据收集与预处理。
- 财报文本的自然语言处理：研发投入、产能扩张等关键文本信息抽取。
- 财务数据归集与特征融合：财务指标归一化与特征工程。
- 特征融合与 AI 模型训练：构建业绩预测修正模型（回归、分类、概

率预测）。

- 策略信号生成：生成选股信号并回测。

财务数据处理与预测流程如图 3.1 所示。

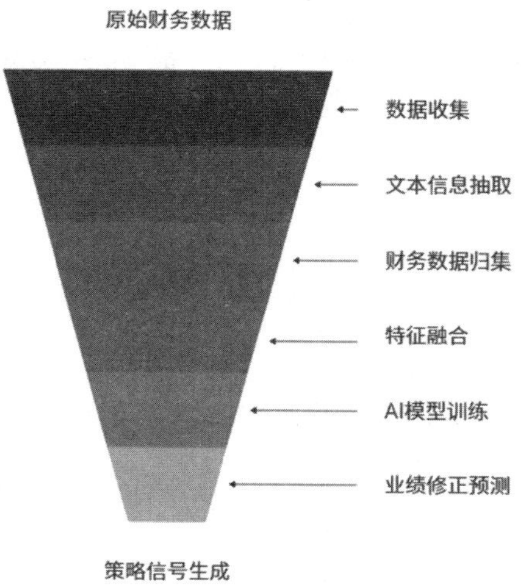

图 3.1　财务数据处理与预测流程

2. 财报文本的自然语言处理

（1）关键表述提取

利用预训练语言模型（如 BERT、ERNIE）或简单关键词匹配，提取管理层关于研发投入、产能扩张的描述段落。

```
Python

import re

def extract_key_statements(text, keywords):
    """
    从财报文本中提取包含关键字的句子
    """
    sentences = re.split('[。！？]', text)
    key_sents = [s for s in sentences if any(k in s for k in
keywords)]
    return key_sents
```

```
keywords = ['研发投入', '产能扩张', '技术升级', '生产能力', '资本开支
']
key_statements = extract_key_statements(report_text, keywords)
print('\n'.join(key_statements[:5]))
```

（2）情感与倾向性分析

判断表述是积极（如加大投入、扩产顺利）的，还是消极（如投入减少、扩产受阻）的。

```
Python

from snownlp import SnowNLP

def analyze_sentiment(sentences):
    """
    对提取的句子进行情感分析，返回积极概率
    """
    return [SnowNLP(s).sentiments for s in sentences]

sentiment_scores = analyze_sentiment(key_statements)
for s, score in zip(key_statements, sentiment_scores):
    print(f"{s} | 积极概率: {score:.2f}")
```

（3）量化表述影响

将积极或消极倾向转化为数值特征，作为模型输入。

```
Python

import numpy as np

# 简单量化规则：积极>0.6，则得分加 1；消极<0.4，则得分减 1；其余为 0
impact_scores = [1 if x > 0.6 else -1 if x < 0.4 else 0 for x
in sentiment_scores]
impact_feature = np.mean(impact_scores)
print("管理层表述量化得分:", impact_feature)
```

3. 财务指标特征工程

对 ROE、现金流、研发投入等进行归一化、同比或环比变化计算。

```
Python

def calc_fin_features(df):
    # 假设 df 已包含 roe、n_cashflow、r_and_d_exp、net_profit 等字段
    df['roe_chg'] = df['roe'].pct_change()
    df['cashflow_chg'] = df['n_cashflow'].pct_change()
    df['r_and_d_ratio'] = df['r_and_d_exp'] / df['net_profit']
    return df

df_fin = calc_fin_features(df_fin)
print(df_fin[['roe', 'roe_chg', 'n_cashflow', 'cashflow_chg',
'r_and_d_ratio']].tail())
```

4. 业绩预测修正模型

（1）问题定义

- 目标：预测未来 3 个季度净利润的同比变化方向（上修、持平、下修）。
- 输入：管理层表述量化特征和财务指标特征。
- 输出：业绩修正概率（分类、回归）。

（2）简单模型实现（逻辑回归）

```
Python

from sklearn.linear_model import LogisticRegression
from sklearn.model_selection import train_test_split

# 构造特征与标签
# X: [impact_feature, roe_chg, cashflow_chg,
r_and_d_ratio, ...]
# y: 未来 3 个季度净利润变动方向（1=上修, 0=持平, -1=下修）

X = df_fin[['impact_feature', 'roe_chg', 'cashflow_chg',
'r_and_d_ratio']].values
y = df_fin['profit_revision']  # 需提前构造好标签

X_train, X_test, y_train, y_test = train_test_split(X, y,
test_size=0.2, random_state=42)

clf = LogisticRegression(multi_class='multinomial',
```

```
max_iter=200)
clf.fit(X_train, y_train)
print("模型训练准确率：", clf.score(X_test, y_test))
```

（3）预测与信号生成

```
Python

# 假设有新一期数据
new_X = [[impact_feature, roe_chg, cashflow_chg,
r_and_d_ratio]]
prob = clf.predict_proba(new_X)
pred = clf.predict(new_X)
print("未来 3 个季度净利润上修概率:", prob[0][clf.classes_ == 1])
print("预测方向:", pred[0])
```

（4）事件驱动策略回测

```
Python

# 以预测为信号，选取上修概率最高的前 N 只股票，持有 1 个季度
# 伪代码示例
def event_driven_backtest(stock_list, model, feature_dict,
price_data):
    signals = {}
    for stock in stock_list:
        features = feature_dict[stock]
        prob = model.predict_proba([features])[0][1]  # 上修概率
        signals[stock] = prob
    selected = sorted(signals, key=signals.get,
reverse=True)[:10]
    # 持有 selected，计算未来 1 个季度的收益
    returns =
price_data[selected].pct_change(periods=60).iloc[-1]
    return returns.mean()

# 实际应用需结合多期滚动窗口
```

3.2.4 适用场景与实战应用

1. 适用市场与品种

- A 股市场：财报披露及时，业绩预告频繁，适合事件驱动策略。

- 美股/港股：同样适用，但需注意财报文本的风格差异。
- 适用品种：中大型市值、信息披露规范的公司更优。

2. 实战优势

- 前瞻性强：管理层表述往往先于财务数据反映业绩变化。
- 信息融合：文本+结构化数据，提升预测的准确率。
- 可扩展性：可纳入更多事件（如政策、行业变动）增强模型。

3. 局限与风险

- 文本解读难度：管理层表述可能存在“修辞包装”，需结合多源信息。
- 数据时效性：财报披露有所滞后，需动态更新。
- 过拟合风险：特征过多或样本不足时，需进行正则化与交叉验证。

3.2.5　常见错误与优化建议

1. 常见错误

- 文本特征提取过于简单：仅用关键词匹配，忽略上下文，导致信号失真。
- 财务指标未标准化：不同公司之间的口径差异大，直接对比易出错。
- 标签构造不合理：未来净利润变动方向需结合实际披露时间而定，避免“未来信息泄露”。
- 样本数量不足：模型泛化能力弱，实盘表现不佳。

2. 优化建议

- 引入预训练大模型：如 ChatGLM、ERNIE 等，提升文本理解能力。

- 多源数据融合：结合业绩快报、盈利预告、券商研报等，增强信号。
- 滚动窗口回测：动态评估模型的稳定性，避免历史拟合。
- 正则化与特征选择：防止过拟合，提升实盘的稳健性。

3.2.6 提示词模板设计

本节采用 CRISPE、BROKE、ICIO 等提示词工程框架，确保 AI 模型能够理解任务、输出高质量结果。

1. CRISPE 框架示例

能力和角色：你作为财报分析专家。

见解：你需要分析上市公司近 3 年财报，关注管理层对“研发投入”和“产能扩张”的表述。

声明：提取相关表述，量化其对未来 3 个季度净利润的影响概率。

个性：输出内容简洁、专业，适合量化研究员阅读。

实验：请给出 3 种不同的量化方法建议。

提示词示例：

请作为上市公司的财报分析师，分析以下公司近 3 年的财报文本，重点提取管理层关于研发投入与产能扩张的关键表述，并结合 ROE、现金流等财务指标，量化其对未来 3 个季度净利润的影响概率。请输出：

1. 关键表述原文。
2. 情感倾向及量化得分。
3. 未来净利润变动方向预测（上修、持平、下修）及概率。
4. 量化方法的简要说明。

2. BROKE 框架示例

背景：你正在为量化基金开发业绩预测模型。

角色：作为 AI 量化交易策略专家。

目标：预测公司未来 3 个季度净利润的修正方向。

关键结果：输出表述提取、量化评分、模型预测结果。

改进：请提出 3 种模型优化建议。

3. ICIO 框架示例

说明：分析财报文本，提取管理层表述并量化影响。

背景：A 股上市公司，3 年财报数据。

输入数据：管理层讨论与分析、ROE、现金流等。

输出指示：用表格的形式输出预测结果及概率。

4. 思维链技术示例

Zero-Shot CoT：让 AI 逐步推理业绩修正的逻辑。

Few-Shot CoT：提供表述—量化—预测的示例，提升 AI 的理解能力。

提示词示例：

请逐步分析以下任务。

1. 提取管理层关于“研发投入”和“产能扩张”的表述。
2. 判断表述倾向（积极、消极、中性）。
3. 结合财务数据，量化对未来 3 个季度净利润的影响概率。
4. 输出最终的预测结果。

3.2.7 练习建议与反思问题

- 选择 3 家不同行业的上市公司，下载近 3 年的财报，手动提取“研发投入”和“产能扩张”相关表述，尝试用情感分析工具量化其倾向性。
- 利用 Tushare 等 API 获取对应的财务数据，构建特征表，训练简单的逻辑回归模型，预测未来净利润的变动方向。
- 设计自己的提示词模板，尝试使用不同的框架（如 CRISPE、BROKE、ICIO）生成更优的分析结果。
- 管理层表述的“积极”是否总能带来业绩上修？是否存在哪些例外？
- 不同行业、公司规模对“研发投入”信号的敏感度是否一致？
- 如何防止模型过拟合历史数据，提升实盘预测能力？
- 还有哪些文本特征（如行业政策、外部环境）可以纳入模型，以提升预测准确率？

※总结

本节以财务指标的深度解析与业绩预测为核心，系统讲解了如何结合财报文本与财务数据，利用大模型预测盈利修正方向，筛选“超预期”个股，构建实用的事件驱动量化交易策略。通过流程详解、代码示例、提示词工程和实战反思，帮助读者掌握 AI 时代下财务因子挖掘与业绩预测的核心方法，为量化投资提供坚实的数据与模型基础。

3.3 研报因子的自动化解析与建模（基本面量化）

3.3.1 策略逻辑与来源

在量化投资领域，金融研报是因子挖掘、策略开发的重要信息源。传统做法依赖人工阅读研报、提取因子定义、理解计算逻辑，而后通过手动编码实现。这一过程不仅耗时耗力，而且容易因理解偏差或疏漏导致策略复现的效果不佳。

随着大模型（如 Moonshot-v1-128k、GPT-4 等）在自然语言处理领域的突破，大模型已具备自动解析长文本、结构化提取关键信息的能力。通过精心设计的提示词，我们可以让大模型自动解析 PDF 格式的金融研报，提取量化因子名称、计算公式、回测参数等，直接生成可用于回测的代码模块，实现从文本到策略的端到端自动化。

典型场景

- 自动批量解析券商研报，挖掘新因子、模型框架。
- 快速复现顶级分析师的策略思路，缩短研发周期。
- 解决人工因子提取效率低、主观误差大的痛点。

3.3.2 数据需求与获取方法

自动化解析研报因子，涉及三类核心数据。

1. 原始研报 PDF

- 来源：券商官网、Wind、同花顺、聚宽等数据平台。
- 格式：PDF、Word、HTML 等，需统一转换为可解析文本。

2. 量化因子的定义与公式

- 来源：研报正文、图表、公式描述。
- 需求：结构化提取，英文命名、公式、参数、方向等。

3. 行情与财务数据

- 来源：Wind、聚宽、Tushare 等。
- 用途：因子回测、策略验证。

4. 数据获取流程

- 批量下载研报 PDF，统一存储至本地或云端。
- 使用 OCR 或文本提取工具（如 pdfplumber、PyMuPDF）将 PDF 转为纯文本。
- 设计提示词，引导大模型结构化解析文本内容，输出 JSON 格式因子定义。
- 按提取结果自动生成 Python 代码，实现因子计算与回测。

3.3.3 流程图与代码讲解

1. 整体流程图

自动化研报分析与回测流程如图 3.2 所示。

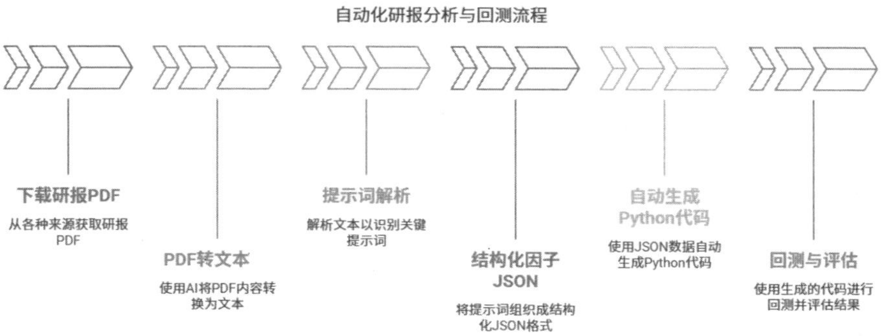

图 3.2　自动化研报分析与回测流程

2. 核心代码实现

（1）提取 PDF 文本

```python
Python

import pdfplumber

def extract_text_from_pdf(pdf_path):
    text = ''
    with pdfplumber.open(pdf_path) as pdf:
        for page in pdf.pages:
            text += page.extract_text() + '\n'
    return text
```

（2）设计提示词

> 解析以下研报文本，抽取所有量化因子名称（英文命名）、计算公式及回测参数，输出 JSON 格式：
>
> {"因子名": {"公式": "Price MA(Price,20)", "周期": 20, "方向": "多空"}, ...}。若无明确公式，则根据描述推断生成。

（3）调用大模型 API（伪代码）

```python
Python

import openai
```

```
def call_llm_api(prompt, text, model="moonshot-v1-128k"):
    response = openai.ChatCompletion.create(
        model=model,
        messages=[
            {"role": "system", "content": "你是专业的量化因子解析专
家。"},
            {"role": "user", "content": prompt + "\n" + text}
        ],
        temperature=0.1,
        max_tokens=2048
    )
    return response['choices'][0]['message']['content']
```

（4）大模型解析并输出 JSON

```
Python

import json

def parse_factor_json(llm_output):
    try:
        factors = json.loads(llm_output)
        return factors
    except Exception as e:
        print("解析失败:", e)
        return None
```

（5）自动生成因子计算代码

以均线因子为例，自动生成 Python 代码如下：

```
Python

def generate_factor_code(factor_name, formula, period,
direction):
    code_template = f'''
import pandas as pd

def {factor_name.lower()}(df):
    """
    计算因子：{factor_name}
    公式：{formula}
    周期：{period}
    方向：{direction}
    """
    df['{factor_name}'] =
```

```
df['close'].rolling(window={period}).mean()
    return df
'''
    return code_template
```

（6）自动拼装回测模块

```
Python

def backtest_factor(df, factor_func, buy_signal='long'):
    df = factor_func(df)
    df['signal'] = 0
    if buy_signal == 'long':
        df.loc[df[factor_func.__name__] > df['close'],
'signal'] = 1
    else:
        df.loc[df[factor_func.__name__] < df['close'],
'signal'] = -1
    df['return'] = df['close'].pct_change().shift(-1) *
df['signal']
    df['cum_return'] = (1 + df['return']).cumprod()
    return df[['close', factor_func.__name__, 'signal',
'cum_return']]
```

（7）完整的自动化流程主函数

```
Python

def main(pdf_path):
    # 1. 提取文本
    text = extract_text_from_pdf(pdf_path)
    # 2. 构建提示词
    prompt = ('解析以下研报文本，抽取所有量化因子名称（英文命名）、计算公
式及回测参数，'
              '输出 JSON 格式：{因子名：{公式："Price MA(Price,20)",
周期：20，方向："多空"}，...}。'
              '若无明确公式，则根据描述推断生成。')
    # 3. 调用大模型
    llm_output = call_llm_api(prompt, text)
    # 4. 解析 JSON
    factors = parse_factor_json(llm_output)
    # 5. 自动生成代码
    for factor, detail in factors.items():
        code = generate_factor_code(factor, detail['公式'],
detail['周期'], detail['方向'])
        print(code)
```

3. 实战案例

假设某券商研报中提到以下内容：

> 我们提出了基于 20 日均线的动量因子（Momentum_MA20），其计算公式为收盘价 20 日移动平均线，若价格高于均线则做多，低于均线则做空。

大模型解析后输出：

```
json

{
  "Momentum_MA20": {
    "公式": "MA(Close,20)",
    "周期": 20,
    "方向": "多空"
  }
}
```

自动生成 Python 代码：

```
Python

def momentum_ma20(df):
    df['Momentum_MA20'] = df['close'].rolling(window=20).mean()
    df['signal'] = 0
    df.loc[df['close'] > df['Momentum_MA20'], 'signal'] = 1
    df.loc[df['close'] < df['Momentum_MA20'], 'signal'] = -1
    return df
```

3.3.4 适用场景与实战应用

1. 适用场景

- 券商、基金、资管等机构批量复现研报因子。
- 个人量化研究员快速挖掘新因子，缩短研发周期。
- 量化平台自动化因子库的扩展与管理。

2. 技术环境

- Python 3.7 及以上版本。
- pdfplumber、PyMuPDF 等 PDF 解析库。
- OpenAI、Moonshot 等大模型 API。
- Pandas、Numpy 等数据处理库。

3. 兼容性与扩展性

- 支持多格式（PDF、Word、HTML）研报。
- 可对接多家大模型 API，提升解析准确率。
- 输出代码可直接嵌入主流的回测框架（如 Backtrader、vn.py、聚宽等）。

3.3.5　常见错误与优化建议

1. 常见错误

（1）PDF 文本提取不完整

解决方式：使用多种工具（如 pdfplumber、PyMuPDF、OCR）交叉验证。

（2）大模型输出 JSON 格式不规范

解决方式：在提示词中明确要求输出标准 JSON，必要时用正则修正。

（3）公式描述不清或者无公式

解决方式：提示大模型“若无明确公式，则根据描述推断生成”。

（4）自动生成的代码与实际的数据结构不匹配

解决方式：在代码模板中加入字段映射与异常处理。

（5）回测参数遗漏或理解偏差

解决方式：在提示词中要求输出所有的参数及方向，由人工复核关键因子。

2. 优化建议

- 设计多轮交互提示词，逐步细化因子定义与实现细节。
- 提供示例输入/输出，提升大模型理解的准确率。
- 对大模型输出结果进行单元测试，确保回测逻辑正确。
- 建立因子解析与代码生成的反馈闭环，持续优化提示词与模板。

3.3.6 提示词模板设计

1. 基础模板

解析以下研报文本，抽取所有量化因子的名称（英文命名）、计算公式及回测参数，输出 JSON 格式：

{"因子名": {"公式": "Price MA(Price,20)", "周期": 20, "方向": "多空"}, ...}。若无明确公式，则根据描述推断生成。

2. CRISPE 框架示例

能力和角色：你是量化因子解析专家。
见解：以下是某券商的研报节选，需提取因子定义与公式。
声明：请结构化输出所有因子的英文名称、计算公式、参数及方向。
个性：输出标准 JSON，字段命名规范。
实验：若有歧义，则给出 3 种可能的因子定义。

3. BROKE 框架示例

背景：你正在为量化基金自动化解析研报因子。

角色：作为因子解析专家。

目标：提取所有的量化因子及其公式、参数、方向。

关键结果：输出标准 JSON，可直接用于生成代码。

改进：如遇不完整描述，则尝试合理推断并说明依据。

4. ICIO 框架示例

说明：结构化提取研报中的量化因子定义。

背景：因子将用于自动化回测。

输入数据：以下为研报文本……

输出指示：输出标准 JSON，包含因子名、公式、周期、方向。

5. 思维链技术示例

让我们一步步思考：首先列出所有因子的名称，然后依次提取其计算公式、参数和方向，最后输出标准 JSON。

3.3.7　练习建议与反思问题

- 选择 3 份不同风格的券商研报，分别用自动化流程解析，比较大模型输出与人工提取的异同。
- 针对大模型输出格式不规范、公式推断不准确的情况，尝试优化提示词，提升解析准确率。
- 将自动生成的因子代码嵌入回测框架，测试实际表现，分析与研报原文描述的差异。

- 探索不同的大模型（如 Moonshot、GPT-4、文心一言等）在因子解析任务中的优劣表现。
- 设计多轮交互提示词，引导大模型补全遗漏的信息，形成高稳健性的因子解析链路。
- 在自动化解析流程中，哪些环节最易出错？如何建立人工审核与自动化流程的高效协同机制？

※总结

本节系统介绍了如何借助大模型实现研报因子的自动化解析与建模。通过精心设计的提示词，结合 PDF 文本提取、结构化解析、自动代码生成等技术手段，能够极大提升量化因子的研发效率，减少人为误差。未来，随着大模型能力的不断提升，自动化因子挖掘、策略开发将成为量化投资领域的新范式。希望读者通过学习本节内容，掌握从研报到策略的端到端自动化方法，为实战量化交易提供坚实的技术支撑。

3.4 多因子动态加权模型（资产配置量化）

3.4.1 策略逻辑与来源

1. 背景与意义

在传统的多因子量化投资中，动量、估值、情绪等因子通常采用静态加权或简单线性组合。然而，金融市场环境时刻变化，单一因子可能阶段性失效，固定权重难以适应市场的动态特征，导致策略的稳健性下降、收益回撤加大。

为了解决这个问题，近年来 AI 技术，尤其是强化学习技术被用于多因子权重动态调整。通过让模型“感知”市场的宏观状态（如波动率、流动性等），并根据历史表现动态调整各因子的权重，能够显著提升策略的适应性和稳健性。

2. 策略框架

本节通过以 Q-Learning 为代表的强化学习方法，构建一个多因子动态加权模型。核心思路为：将市场状态映射为状态空间，将因子权重调整作为动作空间，将回测收益等指标作为奖励信号，训练智能体在不同的市场环境下自适应地分配因子权重。

3.4.2　数据需求与获取方法

1. 数据需求

- 因子数据：动量、估值、情绪等因子的历史序列（可选用公开因子库或自定义因子）。
- 宏观状态变量：如市场波动率（VIX 或历史波动率）、流动性指标（换手率、成交额）、市场趋势等。
- 标的资产价格数据：如沪深 300 成分股、ETF 等。
- 回测窗口：建议 5 年以上日度或月度数据。

2. 数据获取方法

- 使用 Wind、同花顺、聚宽等量化平台 API 获取因子及行情数据。
- 公开数据源：Tushare、Yahoo Finance（国际）、Quandl 等。
- Python 示例（以 Tushare 为例）：

```
Python

import tushare as ts
pro = ts.pro_api('your_token')

# 获取沪深 300 成分股列表
hs300 = pro.index_weight(index_code='000300.SH',
start_date='20180101', end_date='20231231')

# 获取行情数据
df_price = pro.daily(ts_code='600519.SH',
start_date='20180101', end_date='20231231')

# 获取因子数据（如 PE、PB、动量等需要自定义并计算）
```

3.4.3 模型、流程图与代码讲解

1. Q-Learning 简介

Q-Learning 是一种无模型的强化学习算法，通过与环境交互，学习状态—动作价值函数（Q 值），使长期累计奖励最大化。在多因子权重分配场景下，状态、动作和奖励的定义如下。

- 状态（State）：市场宏观变量（如波动率、流动性等离散化组合）。
- 动作（Action）：因子权重分配方案（如动量、估值、情绪三因子的权重向量）。
- 奖励（Reward）：本周期的策略收益、夏普比率等。

2. 流程图

数据准备与 Q-Learning 训练决策流程如图 3.3 所示。

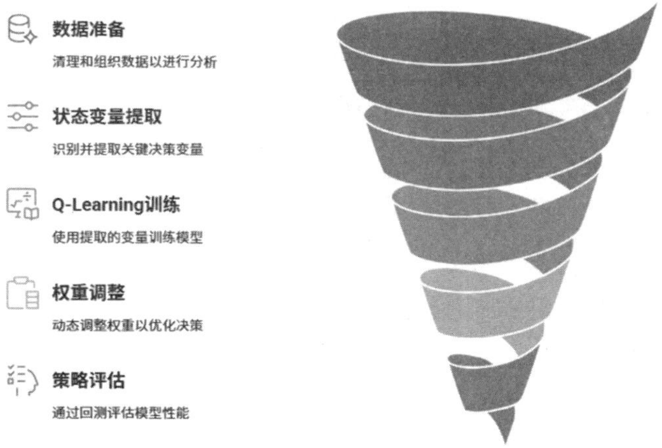

图 3.3　数据准备与 Q-Learning 训练决策流程

3. 核心代码实现

以下为简化版 Q-Learning 多因子权重分配模型（只保留核心部分，便于读者理解与实操）：

```
Python

import numpy as np
import pandas as pd

# 假设已获得因子数据和市场状态变量
# factors: DataFrame, columns=['momentum', 'value',
'sentiment']
# states: DataFrame, columns=['volatility', 'liquidity']
# prices: DataFrame, columns=['close']

# 1. 状态与动作空间离散化
state_bins = {
    'volatility': np.percentile(states['volatility'], [33,
66]),
    'liquidity': np.percentile(states['liquidity'], [33, 66])
}
def get_state(row):
    v_bin = np.digitize(row['volatility'],
state_bins['volatility'])
    l_bin = np.digitize(row['liquidity'],
state_bins['liquidity'])
    return (v_bin, l_bin)
```

```
states['state'] = states.apply(get_state, axis=1)

# 动作空间：三因子权重组合（如 0.2,0.4,0.4 等，离散化）
actions = [
    (0.6, 0.2, 0.2),
    (0.2, 0.6, 0.2),
    (0.2, 0.2, 0.6),
    (0.4, 0.4, 0.2),
    (0.4, 0.2, 0.4),
    (0.2, 0.4, 0.4)
]
n_states = 9  # 3x3 状态格
n_actions = len(actions)
Q = np.zeros((n_states, n_actions))

# 2. Q-Learning 参数
alpha = 0.1  # 学习率
gamma = 0.9  # 折扣因子
epsilon = 0.1  # 探索概率

# 3. 训练过程
for epoch in range(10):  # 多轮训练
    for t in range(len(states) - 1):
        state_idx = states.iloc[t]['state'][0] * 3 +
states.iloc[t]['state'][1]
        if np.random.rand() < epsilon:
            action_idx = np.random.choice(n_actions)
        else:
            action_idx = np.argmax(Q[state_idx])
        weights = actions[action_idx]
        # 计算本周期因子的组合收益
        ret = np.dot(factors.iloc[t].values, weights)
        reward = ret  # 可用夏普比率等替代
        # 下一个状态
        next_state_idx = states.iloc[t+1]['state'][0] * 3 +
states.iloc[t+1]['state'][1]
        Q[state_idx, action_idx] += alpha * (reward + gamma *
np.max(Q[next_state_idx]) - Q[state_idx, action_idx])

# 4. 回测与权重输出
weight_history = []
for t in range(len(states)):
    state_idx = states.iloc[t]['state'][0] * 3 +
states.iloc[t]['state'][1]
```

```
        action_idx = np.argmax(Q[state_idx])
        weight_history.append(actions[action_idx])
    weight_df = pd.DataFrame(weight_history,
    columns=['momentum_w', 'value_w', 'sentiment_w'])
    # 计算策略净值曲线
    factor_returns = factors.values * weight_df.values
    strategy_returns = factor_returns.sum(axis=1)
    net_value = (1 + strategy_returns).cumprod()

    import matplotlib.pyplot as plt
    plt.figure(figsize=(12,6))
    plt.plot(net_value)
    plt.title("多因子动态加权策略净值曲线")
    plt.xlabel("时间")
    plt.ylabel("净值")
    plt.show()
```

上述代码为简化版本，在实际应用中，可扩展为更多状态变量、更丰富的动作空间和复杂奖励函数等，也可引入深度 Q 网络（Deep Q-Network，DQN）等更复杂的模型，提升效果。

3.4.4 适用场景与实战应用

1. 适用场景

- 市场环境频繁变化、单一因子效果不稳定的场景。
- 需要提升策略的稳健性、降低回撤的多因子投资组合。
- 适用于股票、ETF、期货等多种资产类别。

2. 实战优势

- 能根据市场状态动态调整因子权重，避免因子失效带来的损失。
- 强化学习的自适应能力强，能挖掘非线性、非平稳市场规律。
- 具备端到端的自动优化能力，减少人工调参负担。

3. 局限性

- 对数据量和质量要求较高，训练不足易发生过拟合的现象。
- 需谨慎设计状态与动作空间，过于复杂易导致训练不收敛。
- 需要较强的计算资源和回测能力。

3.4.5 常见错误与优化建议

1. 常见错误

- 状态空间过大，导致 Q 表稀疏、学习缓慢。
- 奖励函数设计不合理，仅使用短期收益，忽略了风险调整。
- 因子数据预处理不规范，导致信号失真。
- 训练集与测试集混淆，回测结果失真。

2. 优化建议

- 对状态变量进行合理离散化，控制状态空间规模。
- 可为奖励函数引入风险调整收益、最大回撤等多维指标。
- 增加正则化、早停等，防止过拟合现象的发生。
- 多轮交叉验证，提升模型的泛化能力。
- 可引入深度强化学习（如 DQN 模型、Actor-Critic 算法），提升复杂性。

3.4.6　提示词模板设计

1. CRISPE 框架示例

> 能力和角色：作为量化交易策略 AI 助手。
>
> 见解：你需要为多因子投资策略设计动态权重分配方案，适应不同的市场环境。
>
> 声明：基于 Q-Learning，输入市场状态变量，输出因子权重调整表与回测曲线。
>
> 个性：输出内容应专业、简洁，适合量化研究员阅读。
>
> 实验：请给出 3 种不同状态变量组合下的权重调整方案。

提示词示例：

> 请作为量化交易策略 AI 助手，设计一个基于 Q-Learning 的多因子权重动态调整模型。输入为市场宏观状态变量（如波动率、流动性），输出为每月因子权重调整表和历史回测净值曲线。请用 Python 代码实现，并简要说明核心流程。

2. BROKE 框架示例

> 背景：你正在开发多因子量化投资策略。
>
> 角色：作为强化学习专家。
>
> 目标：动态调整因子权重以适应市场变化。
>
> 关键结果：输出因子权重调整表和策略回测结果。
>
> 改进：请提出 3 种优化方法（如状态变量扩展、奖励函数优化、引入深度学习）。

提示词示例：

> 你是强化学习专家，请基于 Q-Learning 为多因子量化交易策略设计动态权重分配方案，目标是提升策略的稳健性。输出因子权重调整表、回测净值曲线，并提出 3 种优化建议。

3. ICIO 框架示例

> 说明：设计 Q-Learning 多因子权重动态调整模型。
> 背景：适用于股票市场，目标是提升收益与稳健性。
> 输入数据：输入市场状态变量（如波动率、流动性）与因子数据。
> 输出指示：输出因子权重表和回测净值曲线。

3.4.7 练习建议与反思问题

- 能否将状态变量扩展为更多维度（如宏观经济指标、行业轮动信号等）？请观察模型表现如何变化。
- 如果引入深度 Q 网络替代传统 Q-Learning，那么效果是否会提升？如何防止过拟合现象？
- 奖励函数只用收益是否合理？如何引入风险调整收益或最大回撤等指标？
- 通过对比静态加权模型与动态加权模型，观察回测表现有何异同。
- 请尝试在不同的市场周期（牛市、熊市、震荡市）下，分析模型权重调整逻辑是否符合直觉。
- 如何将该模型迁移到其他资产类别（如期货、债券）中？
- 在实战部署时，如何处理因子数据延迟、滑点等实际问题？

※总结

本节系统介绍了基于 Q-Learning 的多因子动态加权模型，从策略逻辑、数据准备、模型实现、实战应用到提示词工程，全面展示了 AI 技术在量化投资中的创新应用。通过动态调整因子权重，有效提升了策略的稳健性和适应性，为应对复杂多变的金融市场提供了强有力的技术工具。

3.5　资金流向与板块轮动复盘（资产配置量化）

3.5.1　策略逻辑与来源

1. 背景介绍

在 A 股市场，龙头股的崛起往往伴随着资金的集中流入和板块的快速轮动。尤其是那些能够实现连续涨停（如 5 连板及以上）的个股，背后往往具备独特的启动特征：小市值、换手率高、题材新颖等。通过对历史龙头股（如中源家居 5 连板）的首板阶段进行复盘分析，我们可以总结龙头股的共性特征，进而构建“模仿因子”，用于在早期识别潜在龙头股。

2. 策略核心思想

- 以近一年内所有 5 连板及以上个股为样本，提取其首板阶段的市值、换手率、题材新颖度等特征。
- 统计这些龙头股的共性特征区间，形成“模仿因子”公式（如“小市值+新题材+低换手率”）。
- 用该因子筛选当前市场中具备类似特征的个股，提前布局潜在龙头股，并通过回测验证效果。

3.5.2 数据需求与获取方法

1. 数据需求

- 近一年 A 股全市场的日线行情数据（如涨跌停、换手率、市值等）。
- 个股题材分类及题材的首次出现时间。
- 涨停板统计（用于识别 5 连板及以上个股，以及它们的首板日期）。
- 板块归属信息（便于板块轮动分析）。

2. 数据获取方法

- 可通过 Tushare、聚宽、米筐等量化平台 API 获取 A 股的历史行情及题材数据。
- 可通过新闻数据、公告或题材首次出现的时间戳来估算题材的新颖度。
- 可通过 Wind、同花顺等数据源或公开 API 整理板块数据。

获取历史 5 连板个股及其首板数据（以 Tushare 为例），代码示例如下：

```
Python

import tushare as ts
import pandas as pd
from datetime import datetime, timedelta

ts.set_token('你的 Tushare Token')
pro = ts.pro_api()

# 获取近一年内所有 A 股的日线数据
end_date = datetime.today().strftime('%Y%m%d')
start_date = (datetime.today() -
timedelta(days=365)).strftime('%Y%m%d')
df = pro.daily(trade_date=start_date, end_date=end_date)

# 获取涨跌停数据
limit_df = pro.stk_limit(trade_date=start_date,
```

```
end_date=end_date)

# 合并涨停信息
df = df.merge(limit_df[['ts_code', 'trade_date', 'up_limit']],
on=['ts_code', 'trade_date'], how='left')
df['is_limit_up'] = df['close'] >= df['up_limit']

# 统计连板数
df = df.sort_values(['ts_code', 'trade_date'])
df['limit_up_count'] =
df.groupby('ts_code')['is_limit_up'].cumsum()

# 找出 5 连板及以上个股及其首板日期
def find_first_board(group):
    boards = group[group['is_limit_up']]
    if len(boards) >= 5:
        return boards.iloc[0]
    return None

first_boards =
df.groupby('ts_code').apply(find_first_board).dropna()
first_boards = first_boards[['ts_code', 'trade_date', 'close',
'turnover_rate', 'total_mv']]
```

3.5.3 代码讲解

1. 分析龙头股的共性特征

步骤 1：统计特征区间。

```
Python

# 统计市值、换手率等特征的分布
median_mv = first_boards['total_mv'].median()
turnover_range =
(first_boards['turnover_rate'].quantile(0.25),
first_boards['turnover_rate'].quantile(0.75))

print(f"龙头股首板市值中位数：{median_mv/1e8:.2f}亿")
print(f"首板换手率区间：{turnover_range[0]:.2f}% -
{turnover_range[1]:.2f}%")
```

步骤 2：分析题材的新颖度。

统计题材首次出现的时间，定义“新题材”为近 3 个月内首次出现的题材。可通过公告、新闻或题材数据库获取题材。

```
Python

# 假设有题材数据
topic_df = pd.read_csv('topic_data.csv') # 包含 ts_code, topic,
topic_first_date
first_boards = first_boards.merge(topic_df, on='ts_code',
how='left')
first_boards['topic_new'] =
pd.to_datetime(first_boards['trade_date']) -
pd.to_datetime(first_boards['topic_first_date']) <
pd.Timedelta(days=90)
```

步骤 3：构建模仿因子公式。

- 小市值（低于中位数）。
- 新题材（topic_new 为 True）。
- 换手率低于龙头股区间上限。

```
Python

def mimic_factor(row):
    score = 0
    if row['total_mv'] < median_mv:
        score += 1
    if row['topic_new']:
        score += 1
    if row['turnover_rate'] < turnover_range[1]:
        score += 1
    return score

first_boards['mimic_score'] = first_boards.apply(mimic_factor,
axis=1)
```

2. 筛选当前市场的匹配标的

```
Python

# 获取最新一日全市场数据
latest_date = pro.trade_cal(exchange='', is_open='1',
start_date=end_date, end_date=end_date)['cal_date'].values[0]
```

```
latest_df = pro.daily(trade_date=latest_date)
latest_df = latest_df.merge(limit_df[limit_df['trade_date'] ==
latest_date][['ts_code', 'up_limit']], on='ts_code',
how='left')
latest_df['is_limit_up'] = latest_df['close'] >=
latest_df['up_limit']

# 合并题材信息
latest_df = latest_df.merge(topic_df, on='ts_code',
how='left')
latest_df['topic_new'] =
pd.to_datetime(latest_df['trade_date']) -
pd.to_datetime(latest_df['topic_first_date']) <
pd.Timedelta(days=90)
# 计算模仿因子
latest_df['mimic_score'] = latest_df.apply(mimic_factor,
axis=1)

# 按分数排序，筛选高分标的
candidates = latest_df[latest_df['mimic_score'] >=
2].sort_values('mimic_score', ascending=False)
print(candidates[['ts_code', 'close', 'total_mv',
'turnover_rate', 'topic', 'mimic_score']])
```

3. 策略回测曲线

以高分标的为池，模拟“首板买入，持有 5 日”策略，统计收益率。

```
Python

def backtest_mimic_strategy(candidate_codes, hold_days=5):
    results = []
    for code in candidate_codes:
        hist = pro.daily(ts_code=code, start_date=start_date,
end_date=end_date)
        hist = hist.sort_values('trade_date')
        for i in range(len(hist)-hold_days):
            if hist.iloc[i]['is_limit_up']:
                buy_price = hist.iloc[i]['close']
                sell_price = hist.iloc[i+hold_days]['close']
                ret = (sell_price - buy_price) / buy_price
                results.append(ret)
    return results

rets = backtest_mimic_strategy(candidates['ts_code'].tolist())
```

```
import matplotlib.pyplot as plt
plt.plot(pd.Series(rets).cumsum())
plt.title('模仿因子策略回测收益曲线')
plt.xlabel('信号次数')
plt.ylabel('累计收益率')
plt.show()
```

3.5.4 适用场景与实战应用

1. 适用市场

- 适用于 A 股市场，尤其是题材炒作活跃、连板效应显著的阶段。
- 对于港股、美股等市场，需结合本地板块和题材特性进行调整。

2. 实盘注意事项

- 需结合实时资讯判定题材的新颖度，自动化难度较高。
- 需结合盘口与资金流数据监控资金流向与板块轮动。
- 连板股的流动性风险较大，需注意成交量与封单变化。

3.5.5 常见错误与优化建议

1. 常见错误

- 数据不全或题材归类不准确，导致因子失效。
- 忽略了市场环境变化（如监管政策、极端情绪）对连板效应的冲击。
- 过拟合历史龙头股特征，导致因子失效（幸存者偏差）。

2. 优化建议

- 定期更新龙头股样本池，动态调整特征区间。
- 引入资金流向、龙虎榜等高频数据增强因子。

- 结合自然语言处理技术，对题材新颖度进行自动化判定。
- 多因子融合，防止单一因子失效。

3.5.6　提示词模板设计

1. CRISPE 框架示例

> 能力和角色：作为量化交易策略分析师。
>
> 见解：你需要分析 A 股市场中 5 连板及以上龙头股的启动特征。
>
> 声明：请统计近一年内所有 5 连板及以上个股的首板市值中位数、换手率区间、题材首次出现时间，并总结共性特征，给出模仿因子公式。
>
> 个性：输出内容简明扼要，适合量化交易员阅读。
>
> 实验：请同时输出当前市场匹配标的名单及策略回测曲线。

提示词示例：

> 作为量化交易策略分析师，请你基于近一年的 A 股市场数据，统计所有 5 连板及以上个股的首板阶段市值中位数、换手率区间和题材首次出现时间，总结龙头股的共性特征，并给出“小市值+新题材+低换手率”的模仿因子公式。同时，请输出当前市场中符合该因子的个股名单，并绘制策略的历史回测收益曲线，要求内容简明扼要，适合量化交易员快速阅读。

2. BROKE 框架示例

> 背景：你正在为量化基金开发龙头股早期识别策略。
>
> 角色：请作为龙头股量化选股专家。
>
> 目标：构建基于“小市值+新题材+低换手率”因子的选股模型。
>
> 关键结果：输出历史龙头股特征、模仿因子公式、当前市场匹配标

的和回测结果。

改进：请提出 3 种优化建议，如引入资金流、题材热度等。

提示词示例：

你是一名龙头股量化选股专家，当前任务是为量化基金开发早期识别龙头股的策略。请基于"小市值+新题材+低换手率"因子，统计近一年内历史 5 连板及以上个股的首板特征，构建选股模型，并输出当前市场中匹配该因子的个股名单及策略回测结果。最后，请提出 3 种优化建议，例如加入资金流向、题材热度或板块联动等。

3. ICIO 框架示例

说明：请分析近一年内 A 股市场 5 连板及以上个股的首板特征。

背景：目标是提前识别潜在龙头股。

输入数据：提供个股历史行情、题材归属、换手率等数据。

输出指示：输出统计表、模仿因子公式、回测曲线。

提示词示例：

请分析近一年内 A 股市场中所有 5 连板及以上个股的首板特征，包括市值、换手率和题材首次出现的时间。目标是提前识别潜在龙头股。输入数据包括个股历史行情、题材归属和换手率等。请以表格的形式输出统计结果，给出模仿因子公式，并绘制策略回测收益曲线。

4. 思维链技术示例

让我们一步步思考：

1. 统计近一年内所有 5 连板及以上个股的首板市值中位数、换手率区间和题材首次出现的时间。

2. 总结这些龙头股的共性特征。

3. 基于统计结果构建“小市值+新题材+低换手率”的模仿因子公式。

4. 筛选当前市场中符合该因子的个股，并对策略进行历史回测，输出收益曲线。

3.5.7　练习建议与反思问题

- 请用上述方法复盘 2022 年、2023 年龙头股的启动特征，观察结果有何异同。
- 如果将题材新颖度的判定标准调整为“半年内首次出现”，那么策略表现会有何变化?
- 结合龙虎榜数据或资金流向指标，能否进一步提升模仿因子的表现?
- 如何防止因子过拟合历史龙头股特征？应如何动态调整参数?
- 尝试用提示词设计一个自动化的龙头股识别 Agent，并测试其实盘表现。

※总结

本节以“资金流向与板块轮动复盘”为主题，系统梳理了历史龙头股的启动特征提取、模仿因子构建、实盘筛选与回测流程。通过 Python 示例代码，展示了如何自动化完成数据抓取、特征统计、因子筛选和策略回测，并结合提示词工程，帮助量化交易员在 AI 时代高效识别潜在龙头股，实现资金流与板块轮动的智能化捕捉。希望读者能通过学习本节内容，掌握龙头股复盘与实战的核心方法，并在实盘中不断优化与创新。

3.6 LV2 订单簿不平衡因子的挖掘（阿尔法量化）

3.6.1 策略逻辑与来源

1. 背景介绍

在高频量化交易领域，Level-2（LV2）逐笔委托数据为我们揭示了市场微观结构的动态变化。与 Level-1 数据只包含最新成交价和盘口五档不同，LV2 订单簿记录了更深层次的买卖盘挂单、撤单、成交等信息。通过深入挖掘 LV2 数据，我们能够捕捉主力资金的短期控盘行为，识别“虚假挂单”陷阱，进而设计出更具前瞻性的量化因子。

2. 策略核心思想

本节策略以“订单簿不平衡”为核心，通过衡量买卖盘力量的失衡程度，预测短期价格方向，主要包括以下几个方面。

- 买一卖一量比（Bid-Ask Imbalance）：衡量买一、卖一档挂单量的相对强弱。
- 委托簿深度不平衡：统计前 N 档买卖盘的挂单量差异。
- 撤单率：分析大单的撤单行为，识别主力“虚假挂单”意图。
- 多因子融合：将上述因子组合，构建短线价格预测模型。

3. 策略来源

该策略源自微观结构理论与高频交易实务。学术界（如 Bouchaud、Eisler 等人）提出，订单簿的不对称往往预示着价格的短期波动方向。在实际业务中，量化私募及高频做市商广泛利用 LV2 数据对盘口进行建模，并跟踪主力行为。

3.6.2　数据需求与获取方法

1. 数据需求

本策略对数据的要求较高，需用到以下 LV2 级别数据。

- 委托簿快照（Order Book Snapshot）：包含买卖盘前 10 档挂单价与挂单量。
- 逐笔委托与撤单数据：每笔挂单和撤单的时间、价格、数量、方向。
- 逐笔成交数据：每笔成交的时间、价格、数量、主动买卖方向。

2. 数据获取方法

（1）数据源

- 交易所直连：如中金所、上交所、深交所 LV2 行情接口（需申请）。
- 第三方数据服务商：如聚宽、米筐、优矿、Wind、同花顺等平台提供 LV2 数据 API。
- 本地数据存储：部分券商或数据商支持 LV2 数据下载，存储为 Parquet、CSV、数据库格式的文件。

（2）数据结构样例

以买卖盘快照为例，其数据结构如表 3.1 所示。

表 3.1　买卖盘快照数据结构

时间戳	买 1 价	买 1 量	买 2 价	买 2 量	……	卖 1 价	卖 1 量	卖 2 价	卖 2 量	……
30:00.0	10.01	5000	10	3000	……	10.02	4000	10.03	2000	……

撤单与逐笔委托数据一般如表 3.2 所示。

表 3.2　撤单与逐笔委托数据

时间戳	方　向	价　格	数　量	类型（委托/撤单）
30:00.0	买	10.01	1000	委托
30:00.0	卖	10.02	500	撤单

（3）数据预处理

- 对快照数据按时间对齐，确保每条记录反映真实的盘口状态。
- 对撤单数据进行标记，便于后续计算撤单率。
- 对异常值（如极端大单、数据缺失）进行清洗。

3.6.3　模型、流程图与代码讲解

1. 因子设计与公式推导

（1）买卖一档不平衡（Bid-Ask Imbalance，BAI）因子

衡量买一档与卖一档挂单量的相对强弱，公式如下：

$$\mathrm{BAI}_t = \frac{B_t - S_t}{B_t + S_t}$$

其中，B_t 表示在时间 t 时的买一档挂单量，S_t 表示在时间 t 时的卖一档挂单量。

- BAI>0：买盘更强，短期价格上涨概率大。
- BAI<0：卖盘更强，短期价格下跌概率大。

（2）委托簿深度不平衡（Order Book Depth Imbalance，OBDI）因子

统计前 N 档买卖盘的总挂单量差异：

$$\mathrm{OBDI}_t = \frac{\sum_{i=1}^{N} B_{i,t} - \sum_{i=1}^{N} S_{i,t}}{\sum_{i=1}^{N} B_{i,t} + \sum_{i=1}^{N} S_{i,t}}$$

其中，i 表示档位的索引（如第 1 档、第 2 档等），取值范围为 1 到 N，N 表示统计的档位总数（如前 5 档时 $N = 5$）；$B_{i,t}$ 表示在时间 t 时，第 i 档的买盘挂单量；$S_{i,t}$ 表示在时间 t 时，第 i 档的卖盘挂单量。

（3）撤单率（Cancellation Rate，CR）因子

衡量单位时间内撤单量与总挂单量的比值：

$$\mathrm{CR}_t = \frac{C_t}{H_t}$$

其中，C_t 表示在时间 t 内的撤单量，H_t 表示在时间 t 内的总挂单量（包括新增挂单和撤单前的挂单总量）。

高撤单率配合盘口不平衡，往往预示主力“虚假挂单”或诱多、诱空。

（4）多因子融合与信号生成

可采用加权法或机器学习（如逻辑回归、XGBoost）融合上述因子，输出短线多空信号。

2. 流程图

LV2 数据处理流程如图 3.4 所示。

图 3.4　LV2 数据处理流程

3. 核心代码实现

（1）数据准备与预处理

假设已有 A 股某只股票的 5 日 LV2 盘口快照数据（CSV 格式），字段包括时间戳、买 1~买 5 价/量、卖 1~卖 5 价/量、撤单量等。

```
Python

import pandas as pd
import numpy as np

# 读取盘口快照数据
df = pd.read_csv('orderbook_snapshot.csv',
parse_dates=['timestamp'])

# 计算买卖一档不平衡
df['BAI'] = (df['bid1_vol'] - df['ask1_vol']) /
(df['bid1_vol'] + df['ask1_vol'] + 1e-6)

# 计算前 5 档深度不平衡
bid_depth = df[['bid1_vol', 'bid2_vol', 'bid3_vol',
'bid4_vol', 'bid5_vol']].sum(axis=1)
ask_depth = df[['ask1_vol', 'ask2_vol', 'ask3_vol',
'ask4_vol', 'ask5_vol']].sum(axis=1)
df['OBDI'] = (bid_depth - ask_depth) / (bid_depth +
ask_depth + 1e-6)

# 计算单位时间撤单率（假设撤单量字段为 cancel_vol，统计每分钟撤单量/
总挂单量）
df['minute'] = df['timestamp'].dt.floor('T')
cancel_rate = df.groupby('minute')['cancel_vol'].sum() /
(bid_depth + ask_depth).groupby(df['minute']).sum()
df['CR'] = df['minute'].map(cancel_rate)
```

（2）信号生成与回测

以 BAI 为主因子，结合 OBDI 和 CR，生成短线多空信号：

```
Python

# 简单信号示例：若 BAI>0.2、OBDI>0.1 且 CR<0.05，则做多，反之则做空
df['signal'] = 0
df.loc[(df['BAI'] > 0.2) & (df['OBDI'] > 0.1) & (df['CR'] <
0.05), 'signal'] = 1
```

```
df.loc[(df['BAI'] < -0.2) & (df['OBDI'] < -0.1) & (df['CR'] <
0.05), 'signal'] = -1

# 对信号去噪（如连续信号合并、持仓平滑等）
df['signal'] = df['signal'].replace(to_replace=0,
method='ffill').fillna(0)

# 计算未来 1 分钟收益
df['future_return'] = df['mid_price'].shift(-60) /
df['mid_price'] - 1

# 策略收益
df['strategy_return'] = df['signal'] * df['future_return']

# 统计回测绩效
annual_return = df['strategy_return'].mean() * 240 * 60
# 假设 240 分钟/天，60 天/年
max_drawdown = (df['strategy_return'].cumsum() -
df['strategy_return'].cumsum().cummax()).min()
print(f'年化收益：{annual_return:.2%}，最大回撤：
{max_drawdown:.2%}')
```

（3）多只股票批量 BAI 因子排名

假设有多只 A 股的 LV2 数据，批量计算过去 5 日 BAI 因子排名前 10 的股票：

```
Python

import glob

results = []
for file in glob.glob('orderbook_data/*.csv'):
    stock_code = file.split('/')[-1].split('.')[0]
    df = pd.read_csv(file, parse_dates=['timestamp'])
    df['BAI'] = (df['bid1_vol'] - df['ask1_vol']) /
(df['bid1_vol'] + df['ask1_vol'] + 1e-6)
    mean_bai = df['BAI'].mean()
    results.append({'code': stock_code, 'mean_bai': mean_bai})

top10 = sorted(results, key=lambda x: -
abs(x['mean_bai']))[:10]
print('过去 5 日 BAI 因子排名前 10 的 A 股：')
for item in top10:
    print(item)
```

3.6.4 适用场景与实战应用

1. 适用市场与品种

- A 股主板、科创板、创业板：高流动性大盘股效果最佳。
- 期货市场：如股指、国债、商品期货等高频交易品种。
- 港股通、美股：LV2 数据可用时同样适用。

2. 适用场景

- 高频做市、套利、T+0 日内交易、主力行为跟踪。
- 机构、私募、量化基金的高频策略开发。
- 个人投资者通过数据服务商获取 LV2 数据后亦可实盘应用。

3. 局限性与风险

- 数据获取门槛高：LV2 数据的获取成本较高，普通投资者难以直接获得。
- 高频滑点与手续费：实盘交易需考虑滑点、手续费、交易通道延迟等因素。
- 主力反制风险：主力可能通过“钓鱼单”反制因子型策略，需动态优化。

3.6.5 常见错误与优化建议

1. 常见错误

- 数据对齐错误：盘口快照与成交、撤单数据未严格同步，导致因子失真。

- 极端值未处理：大单异常、数据缺失未清洗，影响因子的稳健性。
- 信号过度拟合：因子阈值过于苛刻，历史回测优秀但实盘表现不佳。
- 忽略成交量配合：仅看盘口挂单量，未结合实际成交情况，信号易被虚假挂单干扰。
- 回测未来函数：在生成信号时误用未来数据，导致回测“作弊”。

2. 优化建议

- 多因子融合：结合成交量、价差、撤单率等多维信息，提升预测的准确率。
- 动态阈值调整：根据市场波动自动调整因子阈值，适应不同的市场环境。
- 滑点建模：在回测时引入合理滑点与手续费假设，贴近实盘。
- 主力行为识别：引入大模型识别主力“钓鱼单”特征，过滤虚假信号。
- 实时监控与预警：在实盘部署时，实时监控因子表现，及时调整策略参数。

3.6.6 提示词模板设计

1. CRISPE 框架示例

> 能力和角色：请作为高频量化交易策略设计师。
>
> 见解：你正在开发基于 A 股 LV2 订单簿数据的短线交易策略。
>
> 声明：请设计一个衡量买卖力量失衡的因子，并输出过去 5 日该因子排名前 10 的 A 股代码及策略回测结果（年化收益、最大回撤）。
>
> 个性：输出内容要求简洁、结构化，便于量化研究员直接复用。

> 实验：请为因子公式、信号逻辑、回测流程分别给出 3 个优化建议。

2. BROKE 框架示例

> 背景：你正在为量化私募基金开发高频交易因子。
>
> 角色：请作为 LV2 数据分析专家。
>
> 目标：构建一个能有效识别主力控盘与虚假挂单的盘口不平衡因子。
>
> 关键结果：输出因子公式、Python 代码实现、回测绩效（年化收益、最大回撤）。
>
> 改进：请提出提升因子稳定性的两种方法。

3. ICIO 框架示例

> 说明：基于 LV2 订单簿快照，设计买卖盘不平衡指标。
>
> 背景：适用于 A 股高频短线交易。
>
> 输入数据：提供买一卖一价量、撤单量等 LV2 数据样本。
>
> 输出指示：输出因子公式、Python 代码、回测绩效表格。

4. 思维链技术示例

> 问题：如何基于 LV2 数据构建短线盘口不平衡因子？
>
> 提示：让我们一步步思考。
>
> 1. 明确数据结构与可用字段。
> 2. 推导买卖盘不平衡的数学公式。
> 3. 生成 Python 代码，批量处理多只股票。
> 4. 设计回测流程，输出绩效指标。

5. 分析因子的优缺点，提出优化建议。

5. 复杂策略交互示例

示例：多轮对话式策略开发。

用户：请基于 A 股 LV2 盘口快照，设计一个衡量买卖力量失衡的指标，并用 Python 代码实现。

大模型：请问你希望统计盘口的前几档？是否需要结合撤单率等行为特征？

用户：请统计前 5 档，并结合撤单率。

大模型：好的，以下是前 5 档盘口不平衡与撤单率的因子公式与 Python 代码实现……（省略输出代码与说明）

6. 输出格式限制示例

示例：指定输出格式。

请以如下表格的形式输出过去 5 日因子排名前 10 的 A 股代码及对应的年化收益和最大回撤：

股票代码	平均因子值	年化收益	最大回撤

（表格数据）

7. Few-Shot 提示词示例

示例：给出样例，引导大模型生成类似的内容。

输入：请基于 MACD 设计一个趋势跟踪策略，适用于沪深 300 指数日线数据，回测周期为 2020—2023 年。

输出：1. 策略逻辑……2. Python 代码……3. 回测结果……

请仿照上述格式，基于 LV2 盘口不平衡因子，完成 A 股短线策略开发与回测。

3.6.7 练习建议与反思问题

- 因子公式拓展：尝试将盘口不平衡因子的统计范围从前 5 档扩展到前 10 档，比较因子表现差异。
- 撤单行为建模：统计不同时间段（如开盘、收盘前）的撤单率，分析主力控盘时段特征。
- 多因子融合实验：将盘口不平衡因子与成交量因子、价差因子融合，构建机器学习预测模型。
- 回测滑点敏感性分析：在回测中分别设定不同的滑点，观察策略收益的变化。
- 实盘仿真：选取流动性较好的 A 股，实时抓取 LV2 数据，进行实盘仿真交易。
- 盘口不平衡因子为何能捕捉主力控盘行为？其理论基础是什么？
- 如何识别并过滤主力“虚假挂单”对因子的干扰？
- 在不同市场环境下（如高波动、低流动性），因子表现有何变化？如何动态调整策略参数？
- 在实盘部署时，如何处理高频数据的延迟与丢包问题？
- 未来 AI 与 LV2 数据结合，能否实现更智能的盘口行为识别？

※总结

LV2 订单簿不平衡因子的挖掘，是 AI 时代量化交易微观结构建模的典型案例。通过对盘口深度、撤单行为的多维度分析，结合 AI 与机器学习技术，我们能够更精准地捕捉主力资金的短期意图，为高频量化交易策略开发打下坚实基础。希望本节内容能为读者的策略实战与提示词工程设计提供有力参考。

3.7　机器学习量价特征工程（阿尔法量化）

3.7.1　策略逻辑与来源

1. 背景与意义

在传统的量化投资中，线性因子模型（如 Fama-French 三因子、Alpha 因子等）长期主导着策略开发。然而，市场结构日益复杂，交易行为愈发多样，单纯依靠线性因子模型已难以捕捉市场的隐性规律。机器学习，尤其是随机森林（Random Forest）、XGBoost 等非线性模型，凭借其强大的特征筛选与拟合能力，为量价因子的深度挖掘和策略优化提供了全新思路。

本节的目标是通过机器学习方法筛选出最具预测力的量价特征，并构建非线性收益预测模型，突破传统线性因子模型的局限，挖掘市场的深层次结构。

2. 量价特征的定义与创新

量价特征是指基于成交量、成交额、价格等市场基础数据，通过统计、变换、组合等方式构建的指标。常见基础量价指标如下。

- 换手率（Turnover Rate）。
- 振幅（Amplitude）。

- 成交量均值及方差。
- 大单净流入率。
- 异动成交量占比。
- 量价相关系数。
- 尾盘拉升强度。
- 资金流向指标。
- 价格偏离度。
- 量比（Volume Ratio）。

在机器学习框架下，除了直接使用上述基础指标，还可以通过特征工程衍生出更具表现力的组合因子，如“尾盘拉升强度=收盘前 5 分钟成交量占比×价格偏离度”等。

3.7.2 数据需求与获取方法

1. 数据需求

机器学习量价特征工程需要以下类型的数据。

- 历史行情数据：包括分钟级或日线的开盘价、收盘价、最高价、最低价、成交量、成交额等。
- 逐笔成交明细（可选）：用于计算大单流入、异动成交等细粒度特征。
- 衍生指标：通过对原始数据加工得到的特征。

2. 数据获取方法

- 公开数据源：如 Tushare、聚宽、米筐等量化平台均可获取 A 股或美股的历史行情数据。

- 券商 API：如华泰、国泰君安等券商提供的专业数据接口。
- 自有数据采集：通过爬虫或交易软件导出。

代码示例：用 Tushare 获取日线行情数据。

```
Python

import tushare as ts
import pandas as pd

ts.set_token('your_token_here')
pro = ts.pro_api()

# 获取某只股票的日线行情
df = pro.daily(ts_code='600519.SH', start_date='20220101',
end_date='20221231')
df = df.sort_values('trade_date').reset_index(drop=True)
print(df.head())
```

特征工程数据的处理过程如下。

- 缺失值处理：用前后值填充缺失值或剔除缺失值。
- 异常值检测：如极端涨跌幅异常、成交量异常。
- 特征标准化：如 Z-score、Min-Max 归一化。

3.7.3　流程图与代码讲解

1. 流程图

数据分析与模型的构建流程如图 3.5 所示。

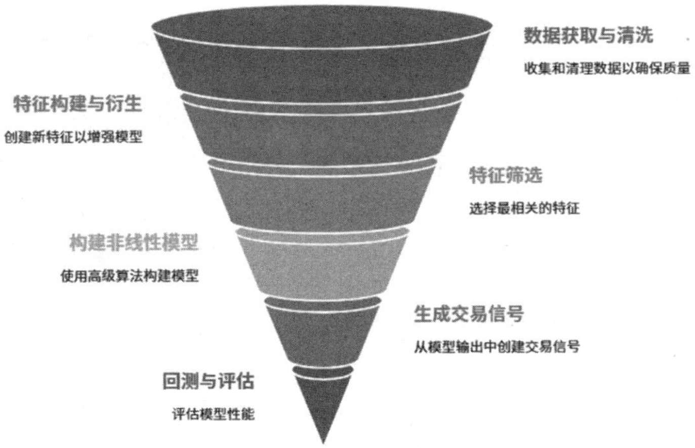

图 3.5　数据分析与模型的构建流程

2. 特征构建与衍生

（1）构建基础量价指标

以 10 个常用量价指标为例：

- 换手率。
- 振幅。
- 量比。
- 大单净流入率。
- 异动成交量占比。
- 收盘价与均价偏离度。
- 资金流向。
- 价格波动率。
- 尾盘拉升强度。
- 量价相关系数。

代码示例：计算基础特征。

```
Python

import numpy as np

def calc_features(df):
    # 换手率
    df['turnover_rate'] = df['vol'] / df['float_share']
    # 振幅
    df['amplitude'] = (df['high'] - df['low']) /
df['pre_close']
    # 量比
    df['volume_ratio'] = df['vol'] /
df['vol'].rolling(5).mean()
    # 收盘价与均价偏离度
    df['avg_price'] = df['amount'] / df['vol']
    df['close_bias'] = (df['close'] - df['avg_price']) /
df['avg_price']
    # 价格波动率
    df['volatility'] = df['close'].rolling(10).std()
    # 资金流向（假设有大单成交额字段）
    df['capital_flow'] = df['big_order_amount'] -
df['small_order_amount']
    # 量价相关系数
    df['corr_vol_price'] =
df['vol'].rolling(10).corr(df['close'])
    # 省略其他特征
    return df
```

3. 设计衍生因子（举 3 个例子）

- 尾盘拉升强度=收盘前 5 分钟成交量占比×价格偏离度
- 异动成交量占比=当日最大 5 分钟成交量/日成交量
- 大单净流入率=大单买入金额净额/日成交额

代码示例：

```
Python

# 假设有分钟级数据
def tail_strength(minute_df):
```

```
    last5 = minute_df.tail(5)
    total_vol = minute_df['vol'].sum()
    last5_vol = last5['vol'].sum()
    close_bias = (last5['close'].iloc[-1] -
minute_df['close'].mean()) / minute_df['close'].mean()
    return (last5_vol / total_vol) * close_bias

def abnormal_vol_ratio(minute_df):
    max5min_vol = minute_df['vol'].rolling(5).sum().max()
    total_vol = minute_df['vol'].sum()
    return max5min_vol / total_vol

def net_big_order_rate(df):
    return (df['big_order_buy'] - df['big_order_sell']) /
df['amount']
```

4. 特征筛选与重要性排序

（1）随机森林和 XGBoost 特征选择

- 随机森林和 XGBoost 均可输出特征重要性排序，帮助我们筛选最有效的量价因子。
- 目标变量可设为未来 *N* 日的收益、涨跌幅等。

代码示例：特征重要性排序。

```
Python

from sklearn.ensemble import RandomForestRegressor
from xgboost import XGBRegressor
from sklearn.model_selection import train_test_split

# 假设 df 已经包含所有特征和目标变量 'future_return'
features = ['turnover_rate', 'amplitude', 'volume_ratio',
'close_bias', 'volatility',
          'capital_flow', 'corr_vol_price', 'tail_strength',
'abnormal_vol_ratio', 'net_big_order_rate']
X = df[features].fillna(0)
y = df['future_return']

X_train, X_test, y_train, y_test = train_test_split(X, y,
test_size=0.2, shuffle=False)
```

```
# 随机森林
rf = RandomForestRegressor(n_estimators=100, random_state=42)
rf.fit(X_train, y_train)
rf_importances = rf.feature_importances_

# XGBoost
xgb = XGBRegressor(n_estimators=100, random_state=42)
xgb.fit(X_train, y_train)
xgb_importances = xgb.feature_importances_

# 输出特征重要性排序
importances = pd.DataFrame({
    'feature': features,
    'RF_importance': rf_importances,
    'XGB_importance': xgb_importances
}).sort_values('XGB_importance', ascending=False)
print(importances)
```

（2）可视化

```
Python

import matplotlib.pyplot as plt

importances.set_index('feature')[['RF_importance',
'XGB_importance']].plot(kind='barh', figsize=(10,6))
plt.title('Feature Importance (RF vs XGBoost)')
plt.xlabel('Importance')
plt.show()
```

（3）构建非线性收益预测模型

- 以 XGBoost 为例，利用筛选后的重要特征构建未来收益的预测模型。
- 输出回测结果、信号生成逻辑。

```
Python

from sklearn.metrics import mean_squared_error

y_pred = xgb.predict(X_test)
mse = mean_squared_error(y_test, y_pred)
print(f'XGBoost Test MSE: {mse:.6f}')

# 生成买入信号（如预测收益大于 0，则买入）
df_test = df.iloc[y_test.index].copy()
```

```
df_test['pred_return'] = y_pred
df_test['signal'] = (df_test['pred_return'] > 0).astype(int)
```

3.7.4 适用场景与实战应用

1. 适用市场

- A 股、港股、美股等流动性较好的股票市场。
- 高频、日内、波段等多种交易周期。
- 适合量价关系显著的品种（如主流蓝筹、热门题材股）。

2. 优势与局限

- 优势：可挖掘非线性、复杂的量价关系，提升策略泛化能力与收益空间。
- 局限：对数据质量、特征设计依赖较大，过拟合风险较高，实时部署需考虑延迟与滑点。

3. 实战部署建议

- 结合传统因子与机器学习因子，形成多因子融合模型。
- 定期更新特征与模型，适应市场结构变化。
- 加强异常值、极端行情下的风险控制。

3.7.5 常见错误与优化建议

1. 常见错误

- 特征冗余或强相关，导致模型过拟合。
- 数据泄露（如未来数据参与了特征构建过程）。

- 缺失值、异常值处理不当。
- 仅依赖单一模型，忽视了模型集成与稳健性。

2. 优化建议

- 采用特征选择或降维技术（如 PCA、Lasso 等）。
- 增加集成模型（如 Bagging、Stacking 等）。
- 交叉验证与样本外测试，提升模型的泛化能力。
- 加强特征解释性分析，避免“黑箱”模型。

3.7.6　提示词模板设计

参考提示词工程方法（如 CRISPE、BROKE、ICIO、思维链等），针对量价特征筛选与衍生，设计高效提示词如下。

1. 基础特征重要性排序

优化提示词：

> 请作为量化特征工程专家，输入以下 10 个基础量价指标（换手率、振幅、量比、大单净流入率、异动成交量占比、收盘价与均价偏离度、资金流向、价格波动率、尾盘拉升强度、量价相关系数）。请基于历史数据输出特征重要性排序，并简要解释前 3 个因子的市场意义，输出格式为表格。

2. 生成衍生因子逻辑

优化提示词：

> 请基于上述 10 个基础量价指标，创新性地设计 3 个衍生因子，针

对每个因子需给出计算公式和逻辑说明（如“尾盘拉升强度=收盘前 5 分钟成交量占比×价格偏离度”），并简要分析其可能的市场应用场景。

3. 非线性收益预测模型

优化提示词：

请基于筛选后的重要量价特征，使用 XGBoost 模型构建未来 5 日收益率预测模型，要求输出模型参数、特征重要性排序、预测结果示例，并给出信号生成与回测评估流程。

4. 错误诊断与优化建议

优化提示词：

请分析机器学习量价特征工程的常见错误（如特征冗余、数据泄露、过拟合等），并针对每个问题提出具体优化建议，输出格式为问题—建议对照表。

5. 提示词设计框架应用举例

CRISPE：能力和角色（特征工程专家）、见解（量价特征筛选）、声明（排序与衍生）、个性（专业简洁）、实验（多版本因子逻辑）。

BROKE：背景（量化基金）、角色（策略开发者）、目标（收益预测）、关键结果（信号生成）、改进（多模型对比）。

ICIO：说明（特征选择）、背景（A 股日内交易）、输入数据（10 个量价指标）、输出指示（表格+公式）。

3.7.7　练习建议与反思问题

- 选取你感兴趣的市场（如 A 股、港股），用 Python 实现 10 个基础量价特征的批量计算。
- 利用随机森林或 XGBoost，对这些特征进行重要性排序，分析不同市场阶段下的因子表现变化。
- 设计并实现至少 2 个衍生量价因子，验证其在收益预测中的有效性。
- 尝试将机器学习模型与传统线性模型结合，比较两者的回测表现。
- 针对模型过拟合、特征冗余等问题，提出并实现优化方案。
- 你认为哪些量价特征在当前市场环境下最具预测力？为什么？
- 在量价特征挖掘中，非线性模型有哪些独特优势？存在哪些风险？
- 如何设计高效的提示词，提升特征工程与策略开发的效率？
- 在实盘部署中，如何平衡模型的复杂度与执行效率？
- 未来 AI 与量化交易结合，量价特征工程还有哪些创新空间？

※总结

本节系统讲解了如何利用机器学习方法构建量价特征工程，涵盖特征构建与筛选、非线性建模、实战部署、提示词设计及反思练习。通过对本节的学习，读者不仅能掌握量价因子的深度挖掘方法，还能结合提示词工程，提升量化交易策略开发与实战能力。未来，随着 AI 技术的不断进步，量价特征工程将在量化投资中发挥更加重要的作用，助力投资者挖掘市场的隐性规律，实现超额收益。

3.8 市场情绪量化评分系统（阿尔法量化）

3.8.1 策略逻辑与来源

1. 市场情绪的本质与量化意义

市场情绪（Market Sentiment）是指市场参与者对未来市场走势的总体心理预期和风险偏好。在情绪高涨时，投资者更愿意承担风险，追逐上涨品种；在情绪低迷时，投资者趋于保守，避险情绪浓厚。以往，情绪判断依赖于主观经验，但在 AI 与大数据时代，情绪可以被量化、建模，转化为可操作的指标，辅助仓位管理与风险控制。

情绪量化评分系统的核心目标如下。

- 通过对涨停封板率、跌停数、昨日涨停今日溢价等关键指标的统计与建模，生成 0~100 分的情绪指数。
- 反映市场风险偏好变化，辅助投资者动态调整仓位。
- 结合指数走势，预警情绪与市场背离的风险。

2. 核心情绪指标

- 涨停数与跌停数的比值：反映市场多空力量对比，涨停数远大于跌停数，说明多头情绪占优，反之则空头主导。
- 连板股平均涨幅：连板股（连续多日涨停的股票）是市场最强势板块的代表，其涨幅能反映市场高风险偏好的强度。
- 炸板率：炸板指盘中曾涨停但最终未能封住涨停的股票数量，炸板率高说明资金追高意愿减弱。
- 高标股次日开盘溢价率：高标股通常指市场最强势的个股，其次日开盘表现能反映情绪持续性。

- 昨日涨停今日溢价：统计昨日涨停股今日的开盘及收盘溢价，反映短线情绪的延续与反馈。

3. 情绪指数的分数与周期

- 情绪指数分数：将上述多项指标归一化后加权合成，得到 0~100 分的情绪得分。
- 情绪周期阶段：根据得分及历史分位，将市场情绪分为冰点、复苏、高潮、退潮四个阶段。
- 情绪与指数背离预警：当情绪指数高涨但大盘指数下跌时，提示风险。

3.8.2　数据需求与获取方法

1. 数据需求

- 全市场每日股票行情（涨幅、跌幅、开盘价、收盘价、涨停或跌停状态）。
- 涨停、跌停股票列表。
- 连板股名单与涨幅。
- 炸板股票名单。
- 昨日涨停股的今日表现。
- 指数行情（如沪深 300、上证指数等）。

2. 数据获取方式

数据源：可使用 Tushare、聚宽、米筐、雪球等 API 获取 A 股行情数据。

Python 接口示例（以 Tushare 为例）：

```
Python

import tushare as ts

# 初始化
ts.set_token('你的 Tushare Token')
pro = ts.pro_api()

# 获取某日全市场行情
df_daily = pro.daily(trade_date='20240415')

# 获取涨停、跌停股票
df_limit = pro.limit_list(trade_date='20240415')

# 获取指数行情
df_index = pro.index_daily(ts_code='000300.SH',
trade_date='20240415')
```

3.8.3　流程图与代码讲解

1. 流程图

数据获取与情绪分析流程如图 3.6 所示。

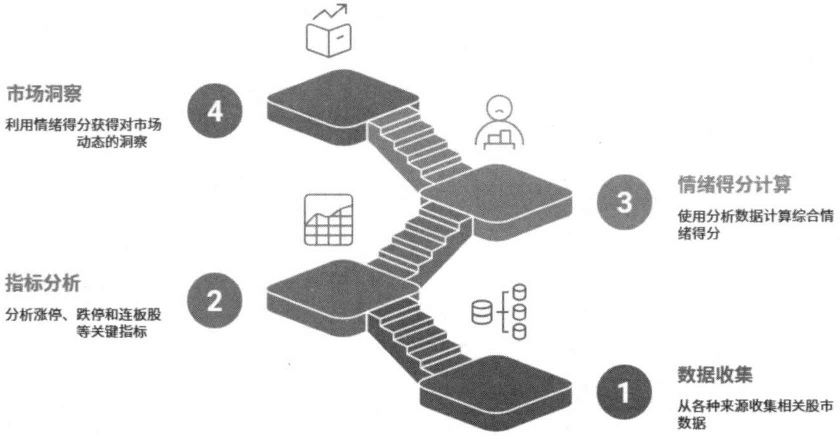

图 3.6　数据获取与情绪分析流程

2. 情绪指数计算流程

- 数据准备：获取全市场每日行情、涨停或跌停名单、连板股、炸板股、高标股、指数行情等。
- 指标计算：逐项计算涨停比与跌停比、连板股涨幅、炸板率、高标溢价、昨日涨停今日溢价等。
- 标准化与加权：对各项指标进行归一化处理，根据历史分布设定权重。
- 情绪得分合成：将各项标准化指标加权求和，得到 0~100 分的情绪指数。
- 周期判断与背离检测：根据历史分位判断情绪周期，并对情绪与指数背离进行预警。

3. 核心代码实现

以下为完整的情绪指数量化评分系统的 Python 代码实现，支持历史回测与实时监控。

```
Python

import tushare as ts
import pandas as pd
import numpy as np
from datetime import datetime, timedelta

# 1. 初始化 Tushare
ts.set_token('你的 Tushare Token')
pro = ts.pro_api()

def get_trade_dates(start_date, end_date):
    """获取交易日历"""
    df = pro.trade_cal(exchange='SSE', start_date=start_date,
end_date=end_date)
    return df[df['is_open'] == 1]['cal_date'].tolist()

def get_daily_data(trade_date):
```

```
    """获取单日行情"""
    return pro.daily(trade_date=trade_date)

def get_limit_list(trade_date):
    """获取单日涨停与跌停股票"""
    return pro.limit_list(trade_date=trade_date)

def get_index_data(trade_date, ts_code='000300.SH'):
    """获取指数行情"""
    return pro.index_daily(ts_code=ts_code,
trade_date=trade_date)

def calc_sentiment_score(trade_date, hist_window=60):
    """计算指定日期的市场情绪指数"""
    # 1. 获取数据
    df_daily = get_daily_data(trade_date)
    df_limit = get_limit_list(trade_date)
    df_index = get_index_data(trade_date)

    # 2. 涨停数与跌停数的比值
    up_limit = df_limit[df_limit['limit_status'] == 'U']
    down_limit = df_limit[df_limit['limit_status'] == 'D']
    up_count = len(up_limit)
    down_count = len(down_limit)
    up_down_ratio = up_count / (down_count + 1e-6)  # 防止除零

    # 3. 连板股平均涨幅
    lianban = up_limit[up_limit['limit_times'] >= 2]
    lianban_codes = lianban['ts_code'].tolist()
    if lianban_codes:
        lianban_daily =
df_daily[df_daily['ts_code'].isin(lianban_codes)]
        lianban_avg_pct = lianban_daily['pct_chg'].mean()
    else:
        lianban_avg_pct = 0

    # 4. 炸板率
    zha_board = df_limit[df_limit['limit_status'] == 'B']  # B
为炸板
    zha_board_count = len(zha_board)
    zha_board_rate = zha_board_count / (up_count +
zha_board_count + 1e-6)

    # 5. 高标股次日溢价率
    high_mark = up_limit.sort_values('limit_times',
```

```
ascending=False).head(5)  # 取连板最多的前 5 只
    high_mark_codes = high_mark['ts_code'].tolist()
    # 获取次日开盘数据
    next_date = (datetime.strptime(trade_date, '%Y%m%d') +
timedelta(days=1)).strftime('%Y%m%d')
    try:
        df_next = get_daily_data(next_date)
        high_mark_next =
df_next[df_next['ts_code'].isin(high_mark_codes)]
        high_mark_prev =
df_daily[df_daily['ts_code'].isin(high_mark_codes)]
        if not high_mark_next.empty and not
high_mark_prev.empty:
            high_mark_yield = ((high_mark_next['open'].values
- high_mark_prev['close'].values) /
high_mark_prev['close'].values).mean()
        else:
            high_mark_yield = 0
    except Exception:
        high_mark_yield = 0

    # 6. 昨日涨停今日溢价
    prev_date = (datetime.strptime(trade_date, '%Y%m%d') -
timedelta(days=1)).strftime('%Y%m%d')
    try:
        df_prev_limit = get_limit_list(prev_date)
        prev_up_limit =
df_prev_limit[df_prev_limit['limit_status'] == 'U']
        prev_up_codes = prev_up_limit['ts_code'].tolist()
        today_prev_up =
df_daily[df_daily['ts_code'].isin(prev_up_codes)]
        prev_up_yield = ((today_prev_up['open'] -
today_prev_up['pre_close']) /
today_prev_up['pre_close']).mean()
    except Exception:
        prev_up_yield = 0

    # 7. 指标归一化（以 hist_window 为历史窗口）
    # 这里以简单 min-max 归一化为例，实际可用更复杂的方法
    # 需获取历史数据
    hist_dates = get_trade_dates((datetime.strptime(trade_date,
'%Y%m%d') - timedelta(days=hist_window*2)).strftime('%Y%m%d'),
trade_date)
    hist_dates = [d for d in hist_dates if d < trade_date][-
hist_window:]
    hist_scores = []
```

```
    for d in hist_dates:
        try:
            score = calc_sentiment_score_simple(d)
            hist_scores.append(score)
        except Exception:
            continue
    # 归一化
    def norm(x, arr):
        arr = np.array(arr)
        return (x - arr.min()) / (arr.max() - arr.min() + 1e-6)
* 100

    # 8. 综合得分
    # 指标加权，可根据经验调整
    weights = {
        'up_down_ratio': 0.25,
        'lianban_avg_pct': 0.20,
        'zha_board_rate': 0.20,
        'high_mark_yield': 0.20,
        'prev_up_yield': 0.15
    }
    # 归一化各项
    up_down_score = norm(up_down_ratio, [h['up_down_ratio'] for
h in hist_scores] + [up_down_ratio])
    lianban_score = norm(lianban_avg_pct, [h['lianban_avg_pct']
for h in hist_scores] + [lianban_avg_pct])
    zha_board_score = 100 - norm(zha_board_rate,
[h['zha_board_rate'] for h in hist_scores] + [zha_board_rate])
# 炸板率越低越好
    high_mark_score = norm(high_mark_yield,
[h['high_mark_yield'] for h in hist_scores] +
[high_mark_yield])
    prev_up_score = norm(prev_up_yield, [h['prev_up_yield'] for
h in hist_scores] + [prev_up_yield])

    sentiment_score = (up_down_score * weights['up_down_ratio']
+
                       lianban_score * weights['lianban_avg_pct']
+
                       zha_board_score * weights['zha_board_rate']
+
                       high_mark_score *
weights['high_mark_yield'] +
                       prev_up_score * weights['prev_up_yield'])

    # 9. 历史分位
```

```
    all_scores = [h['sentiment_score'] for h in hist_scores] +
[sentiment_score]
    rank = sum([s < sentiment_score for s in all_scores]) /
len(all_scores)

    # 10. 情绪周期判断
    if sentiment_score < 30:
        phase = '冰点'
    elif sentiment_score < 50:
        phase = '复苏'
    elif sentiment_score < 80:
        phase = '高潮'
    else:
        phase = '退潮'

    # 11. 情绪与指数背离
    idx_chg = df_index['pct_chg'].values[0] if not
df_index.empty else 0
    divergence = ''
    if sentiment_score > 70 and idx_chg < 0:
        divergence = '情绪高涨但指数下跌，需警惕风险'
    elif sentiment_score < 30 and idx_chg > 0:
        divergence = '情绪低迷但指数上涨，注意反转机会'

    result = {
        'trade_date': trade_date,
        'sentiment_score': round(sentiment_score, 2),
        'score_percentile': round(rank * 100, 2),
        'phase': phase,
        'divergence': divergence,
        'up_down_ratio': up_down_ratio,
        'lianban_avg_pct': lianban_avg_pct,
        'zha_board_rate': zha_board_rate,
        'high_mark_yield': high_mark_yield,
        'prev_up_yield': prev_up_yield,
        'idx_chg': idx_chg
    }
    return result

def calc_sentiment_score_simple(trade_date):
    """简化版，仅用于历史分位归一化"""
    df_limit = get_limit_list(trade_date)
    up_limit = df_limit[df_limit['limit_status'] == 'U']
    down_limit = df_limit[df_limit['limit_status'] == 'D']
    up_count = len(up_limit)
```

```
    down_count = len(down_limit)
    up_down_ratio = up_count / (down_count + 1e-6)
    lianban = up_limit[up_limit['limit_times'] >= 2]
    lianban_avg_pct = lianban['pct_chg'].mean() if not
lianban.empty else 0
    zha_board = df_limit[df_limit['limit_status'] == 'B']
    zha_board_count = len(zha_board)
    zha_board_rate = zha_board_count / (up_count +
zha_board_count + 1e-6)
    # 省略其他指标
    return {
        'up_down_ratio': up_down_ratio,
        'lianban_avg_pct': lianban_avg_pct,
        'zha_board_rate': zha_board_rate,
        'high_mark_yield': 0,
        'prev_up_yield': 0,
        'sentiment_score': up_down_ratio * 30 + lianban_avg_pct
* 10 + (1 - zha_board_rate) * 20
    }

# 示例：计算某日情绪指数
if __name__ == "__main__":
    res = calc_sentiment_score('20240415')
    print(res)
```

3.8.4 适用场景与实战应用

- 仓位管理：情绪极高时适当降低仓位，情绪极低时关注抄底机会。
- 风控预警：情绪与指数背离时，警惕系统性风险或反转信号。
- 策略辅助：可作为量化选股、择时、风控等策略的重要输入因子。
- 适用市场：A 股、港股、美股等均可，需调整涨停及跌停的定义与数据接口。

3.8.5 常见错误与优化建议

1. 常见错误

- 数据不全或接口异常：如涨停或跌停名单缺失，导致指标失真。

- 归一化区间选取不合理：历史窗口过短或极端行情未覆盖，分数波动大。
- 权重设置过于主观：建议结合历史回测与专家经验动态调整。
- 忽略停牌、ST 股等特殊情况：需剔除异常股票。

2. 优化建议

- 引入更多的情绪因子：如龙虎榜资金、两融余额、新闻情感等。
- 动态权重调整：结合机器学习自动优化权重分配。
- 多市场适配：根据不同市场的特性调整指标与参数。
- 可视化与实时监控：开发仪表盘实时展示情绪指数与预警。

3.8.6 提示词模板设计

1. CRISPE 框架示例

```
    能力和角色：作为量化交易情绪指数分析师。
    见解：你需要基于 A 股市场每日行情，量化市场情绪，辅助仓位管理。
    声明：请基于以下数据生成情绪指数。
    - 涨停数与跌停数的比值。
    - 连板股平均涨幅。
    - 炸板率。
    - 高标股次日开盘溢价率。
    输出：
    - 当日情绪得分及历史分位数。
    - 情绪周期阶段判断（冰点、复苏、高潮、退潮）。
    - 情绪与指数背离预警（如情绪高涨但指数下跌）。
```

个性：输出结构化表格，简洁明了，适合量化团队参考。

实验：请给出 3 个不同权重组合的情绪得分结果，分析其异同。

2. BROKE 框架示例

背景：你正在为一家量化基金开发市场情绪评分系统。

角色：请作为量化情绪指数的专家。

目标：设计一套基于涨停数及跌停数、连板股平均涨幅、炸板率、高标股次日开盘溢价率等指标的情绪指数。

关键结果：输出情绪得分、历史分位数、情绪周期、背离预警。

改进：请提出 3 种优化该情绪指数的建议（如引入新因子、调整权重、优化归一化方法）。

3. ICIO 框架示例

说明：量化每日市场情绪并给出仓位建议。

背景：A 股市场波动剧烈，需动态调整风险敞口。

输入数据：涨停数及跌停数、连板股平均涨幅、炸板率、高标股次日开盘溢价率、昨日涨停今日溢价、指数涨跌幅。

输出指示：以表格形式输出情绪得分、历史分位数、情绪周期、背离预警及仓位建议（如高情绪低仓位、低情绪高仓位）。

4. 思维链技术示例

让我们一步步思考如何量化市场情绪。

1. 统计涨停数及跌停数，计算比值。

2. 统计连板股及其平均涨幅。

3. 计算炸板率。

4. 统计高标股次日开盘溢价率。
5. 统计昨日涨停今日溢价。
6. 归一化各项指标，设定权重加权。
7. 输出情绪得分及历史分位数。
8. 判断情绪周期，给出背离预警。

3.8.7 练习建议与反思问题

- 尝试用不同的历史窗口（如 30 天、90 天）归一化情绪指标，比较得分波动性。
- 调整各项指标权重，观察情绪指数对市场行情的敏感度变化。
- 将龙虎榜资金流、两融余额等新因子纳入情绪评分系统，测试其有效性。
- 用情绪指数指导仓位管理，回测不同情绪周期下的收益与回撤。
- 分析极端行情（如 2015 年股灾、2020 年疫情）下情绪指数的表现，反思其局限性与优化空间。
- 设计一套自动化情绪指数监控与预警系统，实现实时风控。
- 思考情绪指数在不同市场（如美股、港股）的适用性与调整方法。
- 结合 AI 模型，探索如何用自然语言新闻、社交媒体情感等数据增强情绪指数。

※总结

本节系统讲解了市场情绪量化评分系统的设计逻辑、核心指标、完整的 Python 代码实现、实战应用与优化建议，并给出了高效提示词模板及思维链引导方法。通过使用本系统，量化交易者可实现对市场风险偏好的科学度量与动态管理，提升策略的稳定性与风险控制能力。希望读者能结合自身的实盘经验，持续优化情绪指数，打造属于自己的 AI 量化交易风控体系。

3.9 竞价阶段量价因子的挖掘（贝塔量化）

3.9.1 策略逻辑与来源

1. 竞价阶段的市场意义

竞价阶段，尤其是 A 股市场开盘的前 15 分钟，是主力资金布局、市场情绪释放、信息集中反映的关键时刻。此时段的成交量、撤单率、价格波动等数据，往往蕴含着当日市场主力的真实意图。通过对竞价阶段量价数据的深入挖掘，可以提前预判主力资金动向，捕捉高开或低开带来的套利机会。

2. 量价因子的逻辑来源

竞价阶段量价因子的核心思想，是通过对比竞价成交量与昨日的日均成交量，结合竞价价格的偏离程度，量化主力资金在开盘前的活跃程度和方向性。理论基础来源于市场微观结构学：竞价成交量的异常放大往往伴随资金大举进出，而竞价价格的偏离则反映了资金对当日行情的预期。

3. 实证研究支持

国内外大量实证研究表明，竞价阶段的量价信息对开盘后的短周期收益具有显著的预测能力。例如，中信、华泰团队发布的量化因子报告中指出，竞价成交量与当日开盘后 30 分钟的收益率呈较强的正相关性。国外市场（如美股）的盘前交易也有类似发现。

3.9.2　数据需求与获取方法

1. 核心数据需求

- 昨日收盘价：用于计算竞价价格的偏离度。
- 昨日成交量：用于计算昨日的日均成交量。
- 今日竞价成交量：反映主力资金在竞价阶段的活跃度。
- 竞价价格：一般为集合竞价结束时的开盘价。
- 竞价撤单率：衡量资金试探与真实意图的强弱。
- 开盘后 30 分钟收益率：用于验证因子的有效性。

2. 数据获取方法

（1）数据源选择

- Wind、同花顺、聚宽、米筐等专业数据平台均可获取 A 股竞价及分时数据。
- 可通过 Tushare 等开源接口获得免费数据，部分细粒度数据需付费或自行采集。

（2）数据采集流程

- 通过 API 获取目标股票的历史日线与分时数据。
- 提取昨日收盘价、成交量，统计昨日日均成交量（如用 5 日均量更稳健）。
- 获取今日竞价阶段（9:15~9:25）的成交量和价格。
- 采集开盘后 30 分钟的收盘价，计算收益率。

（3）数据清洗与预处理

- 剔除停牌、涨停、跌停、异常波动等极端样本。
- 对成交量、价格等数据进行去极值、标准化处理。
- 对因子进行横截面标准化，便于跨股票比较。

3.9.3 流程图、模型与代码讲解

1. 流程图

数据采集与预处理分析流程如图 3.7 所示。

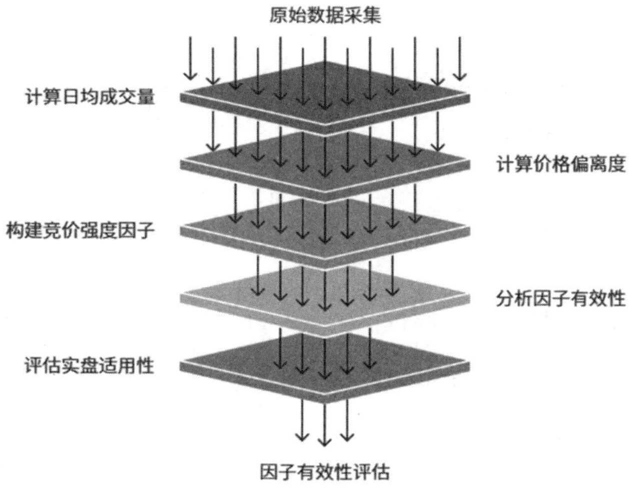

图 3.7　数据采集与预处理分析流程

2. 竞价强度因子的构建

（1）竞价强度因子定义

竞价强度因子=（竞价成交量/昨日日均成交量）×价格偏离度

其中，价格偏离度=（竞价价格−昨日收盘价）/昨日收盘价。

（2）因子解释

- 竞价成交量/昨日日均成交量：衡量资金在竞价阶段的活跃程度。
- 价格偏离度：衡量竞价价格相对于昨日收盘价的涨幅或跌幅。
- 竞价强度因子为正且绝对值较大，通常意味着主力资金在竞价阶段积极买入（高开）或卖出（低开）。

3. 核心代码实现

以下为完整的 Python 代码示例，实现因子计算及其与开盘后 30 分钟收益率的 Rank IC（秩相关系数）检验：

```
Python

import pandas as pd
import numpy as np
from scipy.stats import spearmanr

def calc_auction_strength_factor(df):
    """
    计算竞价强度因子
    :param df: 包含['date', 'stock', 'prev_close', 'prev_vol',
'auction_vol', 'auction_price', 'open_30min']字段的 DataFrame
    :return: 增加'factor'和'open_30min_return'列的 DataFrame
    """
    # 计算昨日的日均成交量（用 5 日均量更平滑）
    df['prev_avg_vol'] =
df.groupby('stock')['prev_vol'].rolling(window=5,
min_periods=1).mean().reset_index(0, drop=True)
    # 价格偏离度
    df['price_dev'] = (df['auction_price'] - df['prev_close'])
/ df['prev_close']
    # 竞价强度因子
    df['factor'] = (df['auction_vol'] / df['prev_avg_vol']) *
df['price_dev']
    # 开盘后 30 分钟收益率
    df['open_30min_return'] = (df['open_30min'] -
df['auction_price']) / df['auction_price']
    return df
```

```
def calc_rank_ic(df):
    """
    计算近 5 日因子与收益率的 Rank IC
    :param df: 包含['date', 'stock', 'factor',
'open_30min_return']字段的 DataFrame
    :return: 每日的 Rank IC
    """
    ic_list = []
    dates = sorted(df['date'].unique())[-5:]
    for dt in dates:
        temp = df[df['date'] == dt]
        if temp['factor'].nunique() > 1 and
temp['open_30min_return'].nunique() > 1:
            ic, _ = spearmanr(temp['factor'],
temp['open_30min_return'])
            ic_list.append({'date': dt, 'rank_ic': ic})
    return pd.DataFrame(ic_list)

# 示例数据结构
# df = pd.DataFrame({
#     'date': [...],
#     'stock': [...],
#     'prev_close': [...],
#     'prev_vol': [...],
#     'auction_vol': [...],
#     'auction_price': [...],
#     'open_30min': [...],
# })

# df = calc_auction_strength_factor(df)
# ic_df = calc_rank_ic(df)
# print(ic_df)
```

4. 因子有效性分析

通过对多只股票、多个交易日的实证回测，若竞价强度因子的 Rank IC 长期为正且稳定，说明该因子对短周期收益具有较强的预测能力。若 Rank IC 波动较大或为负，则需进一步优化因子构造或结合其他信号。

3.9.4　适用场景与实战应用

1. 适用市场与品种

- 适用于 A 股、港股等存在集合竞价机制的股票市场。
- 对流动性较好的主板、中小盘股票效果更佳，针对 ST、次新、极端波动标的需谨慎。

2. 实战应用

- 高开或低开套利：当竞价强度因子显著为正且价格高开时，预示主力资金大概率做多，可在开盘后短线跟随；反之亦然。
- 日内择时交易：将竞价强度因子作为日内多因子择时模型的组成部分，提高整体信号的准确率。
- 主力资金监控：通过监控竞价强度因子，捕捉主力资金的异动，辅助判断板块轮动与热点切换。

3. 注意事项

- 竞价强度因子对 T+0 或日内交易更敏感，如果长周期持有信号，则需结合其他因子。
- 在极端行情（如开盘涨停、跌停）下，竞价强度因子的失效概率较高。
- 需结合撤单率、盘口挂单等微观结构数据进一步过滤信号。

3.9.5　常见错误与优化建议

1. 常见错误

- 数据对齐错误：昨日均量与今日竞价数据未正确对应，导致因子计算偏差。

- 极端值未处理：个别股票竞价量为 0 或价格异常，未做去极值处理，影响整体因子分布。
- 样本外测试缺失：因子仅在样本内有效，未做滚动窗口或样本外验证，导致实盘失效。
- 忽略流动性约束：对流动性较差的股票，竞价数据波动剧烈，因子信号不稳定。

2. 优化建议

- 因子标准化：对竞价强度因子进行横截面标准化，提升跨股票的可比性。
- 多周期均量平滑：采用 5 日或 10 日均量替代昨日单日成交量，减少偶然性。
- 引入撤单率过滤：结合竞价撤单率，剔除主力虚假挂单的干扰。
- 组合多因子增强：将竞价强度因子与开盘后盘口、资金流向等因子组合，提高信号的稳健性。
- 动态窗口回测：采用滚动窗口回测，动态调整因子参数，提升实盘的适应性。

3.9.6 提示词模板设计

结合上述提示词工程与案例，在设计竞价阶段量价因子的提示词时，应遵循 CRISPE、BROKE、ICIO 等框架，确保任务清晰、背景明晰、输入与输出明确。

1. CRISPE 框架示例

能力和角色：请作为量化因子研究员。

见解：你需要分析某股票在竞价阶段的量价数据，构建预测当日收益的因子。

声明：基于昨日收盘价和今日竞价数据（成交量、价格波动），编写 Python 代码计算竞价强度因子=（竞价成交量/昨日日均成交量）×价格偏离度，输出近 5 日该因子与开盘后 30 分钟收益率的 Rank IC。

个性：请用简洁、专业的语言输出。

实验：请给出 3 种不同的因子参数方案，并对比其 Rank IC 表现。

2. BROKE 框架示例

背景：你正在开发日内高频套利策略。

角色：请作为高频交易策略专家。

目标：构建并验证竞价阶段量价因子的有效性。

关键结果：输出因子的计算方法、回测 Rank IC 表现、优化建议。

改进：请提出因子参数调整或与其他因子的组合优化方案。

3. ICIO 框架示例

说明：请设计一个竞价阶段量价因子的 Python 代码实现，并评估其预测能力。

背景：A 股市场，目标是捕捉开盘后 30 分钟的短线收益机会。

输入数据：昨日收盘价、昨日成交量、今日竞价成交量、竞价价格、开盘后 30 分钟收益率。

输出指示：输出因子值、近 5 日 Rank IC，并以表格形式展示。

4. 提示词设计要点

- 明确数据来源与格式，避免 AI 理解出现偏差。
- 指定输出内容（如代码、表格、Rank IC），确保结果可用。
- 可分步引导 AI，首先生成因子计算代码，再生成回测与分析部分。
- 提供参数调整或多版本输出，便于策略优化。

3.9.7 练习建议与反思问题

- 数据实操：采集任意 10 只股票最近 30 日的竞价与日内数据，独立实现因子计算与 Rank IC 检验。
- 参数优化：尝试不同的均量窗口（如 3 日、5 日、10 日）和价格偏离度计算方式，比较因子表现。
- 多因子组合：将竞价强度因子与盘口挂单、资金流向等因子组合，检验组合信号的预测能力。
- 实盘模拟：利用回测框架，基于竞价强度因子信号做日内模拟交易，记录盈亏与信号稳定性。
- 竞价阶段的量价因子在不同的市场（如港股、美股盘前）是否同样有效？如何调整参数？
- 如何利用 AI 进一步自动化挖掘因子与优化参数？
- 竞价阶段的量价因子与哪些其他类型因子（如基本面、新闻情绪）结合效果更佳？
- 在极端行情（如暴涨暴跌、停牌复牌）下，如何识别并规避因子失效风险？
- 如何设计更智能的提示词，实现因子的自动生成、回测与优化的闭环？

※总结

竞价阶段的量价因子挖掘，是 AI 时代量化交易策略的重要创新方向。通过对竞价成交量、价格偏离等微观结构数据的深度分析，结合提示词工程与自动化建模手段，交易员能够更精准地捕捉主力资金动向，把握短线套利机会。未来，随着数据获取手段与 AI 模型的不断进步，竞价阶段的量价因子的挖掘与应用将更加智能化、系统化，并成为量化交易核心竞争力的重要组成部分。

3.10　复盘连板梯队结构与晋级率分析（贝塔量化）

3.10.1　策略逻辑与来源

1. 背景介绍

连板股，尤其是高连板个股，历来都是 A 股市场短线资金的风向标。通过对每日涨停（连板）个股进行系统性统计和结构化分析，能够有效识别市场情绪的热度、题材轮动的主线，以及龙头股的持续性。连板梯队结构与晋级率分析，正是量化复盘体系中最具前瞻性和实战价值的模块之一。

2. 策略逻辑

- 连板梯队分布：统计当日 3 连板、5 连板、7 连板等不同梯队的个股数量及占比，反映市场高风险偏好资金的聚集度。
- 晋级率分析：计算如 2 进 3、3 进 4 等晋级成功率，揭示市场情绪的延续性与分化点。
- 高标股特征提取：分析高连板个股的市值、题材、封单额等共性，辅助判断龙头股的持续性与主线题材。

- 破板股共性分析：统计炸板（涨停打开）个股的时间分布、换手率等，识别风险信号。

3. 研究意义

- 辅助判断市场情绪周期（高潮、分歧、退潮）。
- 预判龙头股的持续性与市场主线题材的演化。
- 优化短线交易的择时和选股逻辑。

3.10.2 数据需求与获取方法

1. 数据需求

- 每日连板股明细：股票代码、连板数、涨停时间、所属题材。
- 个股市值、封单额、换手率、涨停打开时间。
- 历史连板晋级数据（用于晋级率矩阵统计）。
- 题材标签库。

2. 数据获取方法

- Wind、同花顺、聚宽等量化平台 API：可批量获取连板股、涨停时间、题材、市值等数据。
- 人工整理或网络爬虫：对于题材标签、封单额等特殊数据，可通过爬虫或人工整理获得。

数据格式示例：

```
Python

# 连板股数据样例
[
    {"code": "000001", "lianban": 3, "zt_time": "09:31",
```

```
"theme": "房地产", "market_cap": 120, "seal_amount": 3.2,
"turnover_rate": 8.5, "break_time": None},
    {"code": "000002", "lianban": 2, "zt_time": "09:45",
"theme": "AI", "market_cap": 80, "seal_amount": 1.5,
"turnover_rate": 12.3, "break_time": "14:05"},
    ...
]
```

3.10.3　流程图与代码讲解

1. 流程图

数据分析流程如图 3.8 所示。

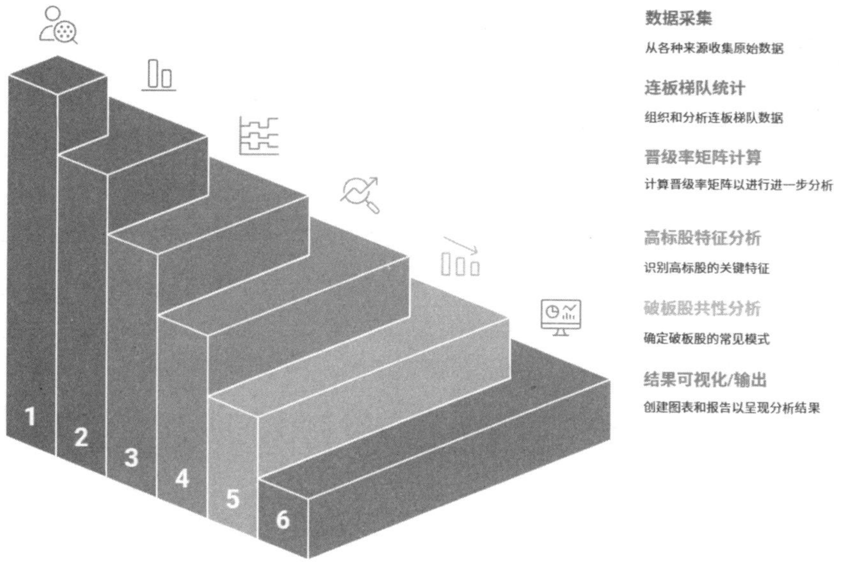

图 3.8　数据分析流程

2. 核心代码实现

（1）连板梯队统计

```
Python

from collections import Counter
```

```
def lianban_distribution(lianban_data):
    # 统计各梯队的数量
    lianban_counts = Counter([item['lianban'] for item in 
lianban_data])
    total = sum(lianban_counts.values())
    # 只统计 3 连板及以上
    result = {}
    for n in [3, 4, 5, 6, 7]:
        count = lianban_counts.get(n, 0)
        ratio = count / total if total else 0
        result[f"{n}连板"] = {"数量": count, "占比": 
f"{ratio:.2%}"}
    return result

# 示例
data = [
    {"code": "000001", "lianban": 3, "zt_time": "09:31", 
"theme": "房地产"},
    {"code": "000002", "lianban": 2, "zt_time": "09:45", 
"theme": "AI"},
    {"code": "000003", "lianban": 5, "zt_time": "09:40", 
"theme": "芯片"},
    {"code": "000004", "lianban": 3, "zt_time": "10:01", 
"theme": "AI"},
    {"code": "000005", "lianban": 4, "zt_time": "09:33", 
"theme": "房地产"},
]
print(lianban_distribution(data))
```

（2）晋级率矩阵计算

```
Python

def calc_jinjilv(history_lianban_data):
    """
    输入：历史多日连板数据，格式为[{日期: str, code: str, lianban: 
int}]
    输出：晋级率矩阵（如 2 进 3、3 进 4 等）
    """
    # 构建晋级统计
    jinjilv_stat = {}
    # 按日期排序
    history_lianban_data.sort(key=lambda x: x['date'])
    # 按股票分组
    from collections import defaultdict
    stock_days = defaultdict(list)
```

```
    for item in history_lianban_data:
        stock_days[item['code']].append((item['date'],
item['lianban']))
    # 统计晋级
    for code, days in stock_days.items():
        for i in range(1, len(days)):
            prev = days[i-1][1]
            curr = days[i][1]
            if curr == prev + 1:
                key = f"{prev}进{curr}"
                if key not in jinjilv_stat:
                    jinjilv_stat[key] = {"晋级数": 0, "尝试数": 0}
                jinjilv_stat[key]["晋级数"] += 1
            if prev >= 2:
                key = f"{prev}进{prev+1}"
                if key not in jinjilv_stat:
                    jinjilv_stat[key] = {"晋级数": 0, "尝试数": 0}
                jinjilv_stat[key]["尝试数"] += 1
    # 计算晋级率
    for key in jinjilv_stat:
        try_num = jinjilv_stat[key]["尝试数"]
        succ_num = jinjilv_stat[key]["晋级数"]
        jinjilv_stat[key]["晋级率"] = f"{succ_num/try_num:.2%}"
if try_num else "0.00%"
    return jinjilv_stat

# 示例
history_data = [
    {'date': '2024-04-10', 'code': '000001', 'lianban': 2},
    {'date': '2024-04-11', 'code': '000001', 'lianban': 3},
    {'date': '2024-04-12', 'code': '000001', 'lianban': 4},
    {'date': '2024-04-10', 'code': '000002', 'lianban': 2},
    {'date': '2024-04-11', 'code': '000002', 'lianban': 2},
    {'date': '2024-04-12', 'code': '000002', 'lianban': 3},
]
print(calc_jinjilv(history_data))
```

（3）高标股特征分析

```
Python

import numpy as np
from collections import Counter

def high_mark_features(lianban_data, min_lianban=5):
```

```
    # 过滤高标股
    high_marks = [item for item in lianban_data if
item['lianban'] >= min_lianban]
    if not high_marks:
        return {}
    # 市值中位数
    market_caps = [item['market_cap'] for item in high_marks if
'market_cap' in item]
    median_cap = np.median(market_caps) if market_caps else
None
    # 题材集中度
    themes = [item['theme'] for item in high_marks if 'theme'
in item]
    theme_counter = Counter(themes)
    theme_focus = theme_counter.most_common(3)
    # 封单额排名
    seal_sorted = sorted(high_marks, key=lambda x:
x.get('seal_amount', 0), reverse=True)
    top_seal = seal_sorted[:3]
    return {
        "市值中位数": median_cap,
        "题材集中度 TOP3": theme_focus,
        "封单额排名 TOP3": [(item['code'], item['seal_amount'])
for item in top_seal]
    }

# 示例
lianban_data = [
    {"code": "000001", "lianban": 5, "market_cap": 120,
"theme": "房地产", "seal_amount": 3.2},
    {"code": "000003", "lianban": 6, "market_cap": 95, "theme":
"AI", "seal_amount": 5.1},
    {"code": "000005", "lianban": 5, "market_cap": 130,
"theme": "AI", "seal_amount": 4.0},
    {"code": "000007", "lianban": 4, "market_cap": 80, "theme":
"芯片", "seal_amount": 2.1},
]
print(high_mark_features(lianban_data, min_lianban=5))
```

（4）破板股共性分析

```Python
def break_board_analysis(lianban_data):
    # 只统计破板股
    break_stocks = [item for item in lianban_data if
```

```
item.get('break_time')]
    if not break_stocks:
        return {}
    # 炸板时间分布
    break_times = [item['break_time'] for item in break_stocks]
    # 换手率分布
    turnover_rates = [item['turnover_rate'] for item in
break_stocks if 'turnover_rate' in item]
    # 统计阈值
    if turnover_rates:
        avg_turnover = np.mean(turnover_rates)
        high_turnover = [x for x in turnover_rates if x >
avg_turnover]
    else:
        avg_turnover = None
        high_turnover = []
    return {
        "炸板时间分布": Counter(break_times),
        "换手率均值": avg_turnover,
        "高于均值换手率的个数": len(high_turnover)
    }

# 示例
lianban_data = [
    {"code": "000002", "lianban": 2, "break_time": "14:05",
"turnover_rate": 12.3},
    {"code": "000006", "lianban": 3, "break_time": "13:50",
"turnover_rate": 15.2},
    {"code": "000008", "lianban": 3, "break_time": "14:05",
"turnover_rate": 9.7},
]
print(break_board_analysis(lianban_data))
```

3. 结果可视化建议

- 连板梯队分布可用柱状图展示。
- 晋级率矩阵可用热力图或表格形式展示。
- 高标股特征可用表格、词云（题材集中度）等展示。
- 破板股共性可用时间分布直方图展示。

3.10.4 适用场景与实战应用

1. 适用场景

- 短线交易者每日复盘，辅助判断市场情绪。
- 量化交易策略开发者筛选高胜率晋级节点。
- 机构资金识别主线题材和龙头股持续性。

2. 实战应用

- 在高晋级率阶段，适合积极参与高标股接力。
- 在晋级率断层、梯队塌陷时，应规避追高风险。
- 在高频复盘时，能快速发现市场主线切换和风险信号。

3.10.5 常见错误与优化建议

1. 常见错误

- 数据不全或题材标签混乱，导致统计失真。
- 晋级率统计周期过短，样本不足。
- 忽略市值、封单额等高标股核心共性。
- 破板股分析只看单日，未做历史对比。

2. 优化建议

- 建立完善的题材标签库，保持数据一致性。
- 晋级率统计建议用 30 天滚动窗口。
- 高标股分析需结合市值、流通盘、封单额多维度。

- 破板股分析需结合历史均值，设定风险阈值。

3.10.6 提示词模板设计

1. CRISPE 框架示例

能力和角色：作为量化复盘分析师，请帮我分析今日连板梯队结构与晋级率。

见解：我关注市场情绪周期和龙头股持续性。

声明：输入今日连板梯队数据（格式：{股票代码：连板数，涨停时间，所属题材，市值，封单额，换手率，炸板时间}），输出以下分析内容。

1. 连板梯队分布（3 连板、5 连板、7 连板数量及占比）。
2. 晋级率矩阵（如 2 进 3 成功率）。
3. 高标股共性特征（市值中位数、题材集中度、封单额排名）。
4. 破板股共性分析（如炸板时间分布、换手率阈值）。

个性：输出结构化、简明扼要，适合量化交易员复盘使用。

实验：请给出 3 种不同周期（如 7 天、15 天、30 天）的晋级率对比分析。

2. ICIO 框架示例

说明：请分析今日连板梯队结构与晋级率。

背景：我需要识别市场情绪周期和龙头股持续性。

输入数据：今日连板股数据，包含{股票代码：连板数，涨停时间，所属题材，市值，封单额，换手率，炸板时间}。

输出指示：输出连板梯队分布、晋级率矩阵、高标股共性、破板股共性，结果用表格展示和简要文字说明。

3. 思维链技术示例

> 让我们一步步思考：
> 1. 统计 3 连板及以上个股数量和占比。
> 2. 计算各连板晋级率（如 2 进 3、3 进 4）。
> 3. 提取高标股的市值、题材、封单额共性。
> 4. 分析破板股的炸板时间和换手率分布。
> 5. 总结市场情绪周期与龙头股持续性的信号。

3.10.7 练习建议与反思问题

- 尝试用本节的代码复盘近 30 日的连板梯队与晋级率，发现市场情绪的变化规律。
- 结合具体领域（如 AI、房地产），分析高标股的题材集中度与龙头股持续性。
- 统计破板股的炸板时间分布，寻找风险预警信号。
- 设计自己的晋级率统计窗口，并与市场主流进行对比，优化复盘策略。
- 当晋级率大幅下降时，如何调整自己的短线交易策略？

※总结

本节系统介绍了连板梯队结构与晋级率分析的理论基础、数据获取、Python 代码实现、应用环境、常见误区及提示词设计。通过科学的量化复盘，交易者可以有效识别市场情绪周期，提升对龙头股持续性的预判能力，为实战决策提供坚实的数据支撑。

3.11　高频量价数据策略开发（贝塔量化）

3.11.1　策略逻辑与来源

高频量价数据策略，顾名思义，是指利用高频（如 1 分钟级）成交数据，结合价格与成交量的变化，挖掘市场微观结构中的套利机会。与传统日线、小时线策略相比，高频策略更注重捕捉日内短暂的波动，尤其是在成交量激增、价格剧烈波动的时刻，市场往往蕴含着超额收益的机会。

本节案例聚焦于“动量突变因子”：当某股票连续 3 分钟涨幅超过 2%，且成交量较前 3 分钟的均值放大 2 倍时，认为市场出现了“异常波动信号”。此信号往往意味着资金突然介入或存在主力行为，后续 10 分钟内价格走势具有统计套利空间。该因子来源于高频交易对市场微结构的敏感捕捉，被广泛应用于量化私募、券商自营等高频策略体系。

3.11.2　数据需求与获取方法

1. 数据类型

- 股票的 1 分钟 K 线数据（包括时间、开盘价、最高价、最低价、收盘价、成交量）。
- 数据时间跨度建议覆盖 1 年以上，以保证统计显著性。

2. 数据获取途径

- 公开 API：如 Tushare、聚宽、米筐等量化平台均可获取 1 分钟 K 线数据。
- 券商终端：部分券商交易软件可导出分钟级历史数据。
- 付费数据源：Wind、同花顺、雪球等提供高质量的高频数据。

代码示例：使用 Tushare 获取 1 分钟 K 线数据。

```
python

import tushare as ts
import pandas as pd

# 初始化 Tushare
ts.set_token('你的 token')
pro = ts.pro_api()

# 获取某股票 2023 年 1 月 1 日的 1 分钟 K 线数据
df = pro.query('stk_mins', ts_code='000001.SZ',
start_date='20230101', end_date='20230101', freq='1min')

# 数据预处理
df['datetime'] = pd.to_datetime(df['trade_time'])
df = df.sort_values('datetime').reset_index(drop=True)
print(df.head())
```

注意：在实际使用时，请根据平台 API 文档调整参数，部分平台的 1 分钟 K 线数据为付费数据。

3.11.3　流程图与代码讲解

1. 流程图

异常波动信号检测流程如图 3.9 所示。

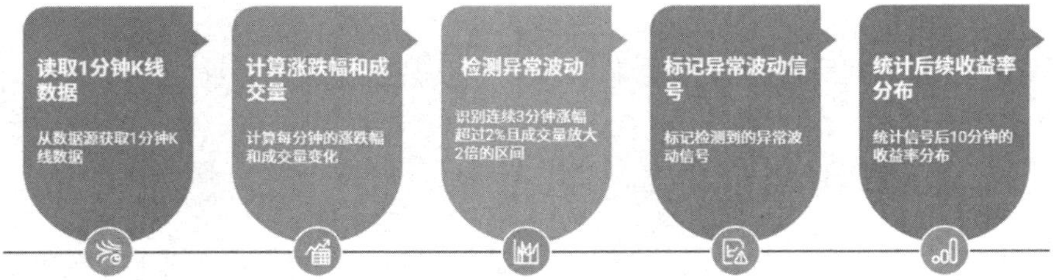

图 3.9　异常波动信号检测流程

2. 核心代码实现

步骤 1：数据准备与涨幅、均量计算。

```
Python

import pandas as pd
import numpy as np

def preprocess_minute_data(df):
    df = df.sort_values('datetime').reset_index(drop=True)
    df['close_shift3'] = df['close'].shift(3)
    df['pct_chg_3min'] = (df['close'] / df['close_shift3'] - 1)
* 100
    df['vol_mean_3min'] =
df['vol'].rolling(window=3).mean().shift(1)
    df['vol_ratio'] = df['vol'] / df['vol_mean_3min']
    return df
```

步骤 2：信号生成逻辑。

```
Python

def generate_abnormal_signal(df):
    # 连续 3 分钟涨幅大于 2%且成交量放大 2 倍
    df['signal'] = 0
    for i in range(3, len(df)):
        cond1 = df.loc[i, 'pct_chg_3min'] > 2
        cond2 = (df.loc[i-2:i, 'vol_ratio'] > 2).all()
        if cond1 and cond2:
            df.at[i, 'signal'] = 1
    return df
```

步骤 3：统计信号后 10 分钟的收益率分布。

```
Python

def calc_signal_return(df, window=10):
    results = []
    for i in df[df['signal']==1].index:
        if i + window < len(df):
            ret = (df.loc[i+window, 'close'] / df.loc[i,
'close'] - 1) * 100
            results.append(ret)
    return results

# 示例流程
df = preprocess_minute_data(df)
df = generate_abnormal_signal(df)
signal_returns = calc_signal_return(df)
print('信号后 10 分钟的收益率分布：',
```

```
pd.Series(signal_returns).describe())
```

步骤 4：可视化信号的收益率分布。

```
Python

import matplotlib.pyplot as plt

def plot_return_distribution(returns):
    plt.hist(returns, bins=30, color='skyblue',
edgecolor='black')
    plt.title('异常波动信号后 10 分钟的收益率分布')
    plt.xlabel('收益率（%）')
    plt.ylabel('频数')
    plt.show()

plot_return_distribution(signal_returns)
```

3. 封装完整的策略代码

```
Python

def high_freq_abnormal_strategy(df, window=10):
    df = preprocess_minute_data(df)
    df = generate_abnormal_signal(df)
    returns = calc_signal_return(df, window)
    plot_return_distribution(returns)
    return returns
```

3.11.4 适用场景与实战应用

1. 适用市场与品种

- A 股、港股、美股等流动性较好的股票市场。
- 高频 ETF、指数期货亦适用。

2. 交易环境要求

- 需具备低延迟行情接入与下单通道。
- 高频策略对数据的质量和时效性要求极高，建议部署于本地服务器或云端量化平台。

3. 实战优势与局限

- 优势：可捕捉日内突发性波动，信号明确，资金利用率高。
- 局限：信号稀疏，部分极端行情下可能出现“假信号”；风控与滑点控制要严格。

3.11.5　常见错误与优化建议

1. 常见错误

- 数据时间戳未对齐，导致信号错判。
- 成交量异常（如集合竞价、尾盘撮合）未剔除，影响信号的有效性。
- 忽略极端行情下的滑点与流动性风险。

2. 优化建议

- 对成交量异常点进行过滤，排除集合竞价、收盘撮合等非连续成交。
- 可引入成交额、换手率等多维度因子，增强信号的稳健性。
- 增加信号确认机制，如结合盘口买卖盘数据、资金流向等。
- 回测时考虑实际交易成本与滑点，避免过拟合。

3.11.6　提示词模板设计

1. CRISPE 框架示例

```
能力和角色：作为高频量化交易策略设计师。
见解：你正在分析某股票的 1 分钟线数据，目标是捕捉异常波动
```

带来的套利机会。

声明：请基于连续3分钟涨幅大于2%且成交量放大2倍，设计动量突变因子，并统计信号后10分钟的收益率分布。

个性：输出内容需简明、专业，适合量化研究员阅读。

实验：请分别输出不同的成交量放大倍数（1.5倍、2倍、3倍）下的信号收益率分布。

提示词示例：

作为高频量化交易策略设计师，你需要分析给定股票的1分钟线数据。请基于如下条件：连续3分钟涨幅大于2%，且成交量较前3分钟均值放大2倍，设计动量突变因子，标记“异常波动信号”，并输出历史信号触发后10分钟的收益率分布。请分别尝试不同的成交量放大倍数（1.5倍、2倍、3倍），比较信号表现。

2. BROKE 框架示例

背景：你正在为量化基金开发高频套利策略。

角色：高频交易策略专家。

目标：捕捉日内异常波动带来的套利机会。

关键结果：输出信号生成逻辑、回测收益率分布，并提出优化建议。

改进：尝试调整涨幅阈值、成交量倍数，优化信号质量。

提示词示例：

你是高频交易策略专家，请为量化基金设计一个捕捉日内异常波动的套利策略。条件为：连续3分钟涨幅大于2%且成交量放大2倍。请输出信号生成逻辑、回测收益率分布，并尝试调整参数（如涨幅阈值、成交量倍数），提出优化建议。

3. ICIO 框架示例

> 说明：设计高频动量突变因子。
>
> 背景：应用于股票 1 分钟 K 线数据，目标是捕捉异常波动信号。
>
> 输入数据：1 分钟 K 线历史数据。
>
> 输出指示：以表格形式输出信号后 10 分钟的收益率分布的均值、中位数、标准差。

提示词示例：

> 请设计一个高频动量突变因子，条件为连续 3 分钟涨幅大于 2%且成交量放大 2 倍。输入为股票 1 分钟 K 线数据，输出以表格形式展示信号后 10 分钟的收益率分布的均值、中位数和标准差。

4. 思维链技术示例

> 让我们一步步思考：
>
> 1. 如何定义异常波动信号？
>
> 2. 如何实现信号检测？
>
> 3. 如何统计信号后的收益率分布？
>
> 4. 如何调整参数，提升策略表现？

3.11.7　练习建议与反思问题

- 请尝试将涨幅阈值从 2%调整为 1.5%、2.5%，观察信号数量与收益率分布有何变化。
- 请尝试将成交量放大倍数设置为 1.5、2、3，比较不同参数下信号的准确性与收益率。

- 结合盘口数据（如买一、卖一挂单量）优化异常波动信号的过滤条件。
- 在回测时引入实际交易成本与滑点，评估策略实盘的可行性。
- 在不同的市场环境（如牛市、震荡市、熊市）下，高频量价因子表现有何异同？如何动态调整参数以适应市场变化？

※总结

本节系统讲解了如何基于 1 分钟高频量价数据构建动量突变因子，捕捉日内异常波动带来的套利机会。通过详细的策略逻辑、数据处理、Python 代码实现、提示词工程设计与实战反思，为读者提供了从理论到实践的完整高频策略开发范式。希望读者能通过学习本节内容，掌握 AI 时代高频量化交易策略的核心方法，并灵活运用于实战。

3.12 高频动量衰减因子开发（贝塔量化）

3.12.1 策略逻辑与来源

1. 背景与意义

在 AI 时代，量化交易策略不仅要追求高频的数据处理能力，更需通过智能因子的设计，精准捕捉市场微观结构的变化。高频动量衰减因子正是基于这一理念诞生的。其核心思想是：利用分钟级别的高频数据，动态衡量短周期内的价格动量，并结合成交量的变化速率，识别出趋势即将衰竭的信号，从而规避“追高杀跌”的风险，捕捉动量反转的机会。

动量策略本质上是“强者恒强”的延续，但在高频环境下，单纯依赖价格涨跌幅往往会受到成交量、市场噪音等因素干扰。通过引入成交量的衰减速率，可以更科学地判断动量是否具有持续性，还是即将反转。

2. 理论基础

- 动量因子：通常以过去 N 分钟的收益率衡量，可反映短期的价格趋势。
- 衰减系数：以成交量的标准差除以时间衰减参数，表示量化成交量的“消散速度”，可反映市场活跃度的变化。
- 动量衰减因子：将动量因子与衰减系数结合，是用于识别趋势衰竭或反转的信号。

3.12.2　数据需求与获取方法

1. 数据类型

- 分钟级 K 线数据：包括时间、开盘价、最高价、最低价、收盘价、成交量。
- 标的选择：可选 A 股、港股、美股等高流动性股票，优先选择高成交量品种。

2. 数据获取方式

- 本地历史数据：通过 Wind、同花顺、聚宽、掘金等平台导出。
- API 实时拉取：如 Tushare、AKShare 等 Python 包可快速获取分钟级数据。

3. 数据字段示例

如表 3.3 所示。

表 3.3　数据字段示例

时　　间	开盘价	最高价	最低价	收盘价	成交量
2024/4/18 9:31	10.01	10.05	10	10.03	10000
2024/4/18 9:32	10.03	10.08	10.02	10.06	12000
……	……	……	……	……	……

4. 数据预处理

- 缺失值处理：用前值填充或剔除缺失值。
- 时间对齐：确保每个交易日的分钟线完整连续。
- 异常值处理：剔除极端异常的成交量或价格。

3.12.3　流程图与代码讲解

1. 流程图

动量衰减因子的计算与分析流程如图 3.10 所示。

图 3.10　动量衰减因子的计算与分析流程

2. 核心代码实现

（1）基础依赖

```
Python

import pandas as pd
import numpy as np
from scipy.stats import rankdata, spearmanr
```

（2）读取与预处理分钟线数据

```
Python

# 假设数据文件为 CSV 格式，包含 columns: ['datetime', 'open',
'high', 'low', 'close', 'volume']
df = pd.read_csv('minute_data.csv', parse_dates=['datetime'])
df = df.sort_values('datetime').reset_index(drop=True)
# 填充缺失值
df.fillna(method='ffill', inplace=True)
```

（3）计算动量因子

```
Python

N = 15  # 过去 15 分钟
df['momentum'] = df['close'].pct_change(N)
```

d）计算成交量标准差与衰减系数

```
Python

time_decay_param = 10  # 时间衰减参数，可调
df['vol_std'] = df['volume'].rolling(N).std()
df['decay_coef'] = df['vol_std'] / time_decay_param
```

（4）计算动量衰减因子

```
Python

df['momentum_decay_factor'] = df['momentum'] *
df['decay_coef']
```

f）计算次日收益率

```
Python

# 首先生成每日收盘价序列
df['date'] = df['datetime'].dt.date
daily_close = df.groupby('date')['close'].last()
```

```
daily_return = daily_close.pct_change().shift(-1)  # 次日收益率
df = df.merge(daily_return.rename('next_day_return'),
left_on='date', right_index=True)
```

g）计算 Rank IC

```
Python

# 以每日最后 1 分钟的因子与次日收益率为例
factor_daily =
df.groupby('date').tail(1)[['momentum_decay_factor',
'next_day_return']].dropna()
factor_rank = rankdata(factor_daily['momentum_decay_factor'])
return_rank = rankdata(factor_daily['next_day_return'])
ic, p_value = spearmanr(factor_rank, return_rank)
print(f"动量衰减因子与次日收益率的 Rank IC: {ic:.4f}
(p={p_value:.4f})")
```

（5）完整的代码流程

```
Python

import pandas as pd
import numpy as np
from scipy.stats import spearmanr, rankdata

# 1. 读取数据
df = pd.read_csv('minute_data.csv', parse_dates=['datetime'])
df = df.sort_values('datetime').reset_index(drop=True)
df.fillna(method='ffill', inplace=True)

# 2. 计算动量
N = 15
df['momentum'] = df['close'].pct_change(N)

# 3. 计算成交量标准差与衰减系数
time_decay_param = 10
df['vol_std'] = df['volume'].rolling(N).std()
df['decay_coef'] = df['vol_std'] / time_decay_param

# 4. 计算动量衰减因子
df['momentum_decay_factor'] = df['momentum'] *
df['decay_coef']

# 5. 计算次日收益率
df['date'] = df['datetime'].dt.date
daily_close = df.groupby('date')['close'].last()
daily_return = daily_close.pct_change().shift(-1)
```

```
df = df.merge(daily_return.rename('next_day_return'),
left_on='date', right_index=True)

# 6. 计算 Rank IC
factor_daily =
df.groupby('date').tail(1)[['momentum_decay_factor',
'next_day_return']].dropna()
factor_rank = rankdata(factor_daily['momentum_decay_factor'])
return_rank = rankdata(factor_daily['next_day_return'])
ic, p_value = spearmanr(factor_rank, return_rank)
print(f"动量衰减因子与次日收益率的 Rank IC: {ic:.4f}
(p={p_value:.4f})")
```

2. 代码要点讲解

- 可根据市场特性调整动量窗口 N，常用 5~30 分钟。
- 时间衰减参数决定了成交量变化对因子的影响权重。
- Rank IC 是因子有效性的重要评价指标，其绝对值越大越好。

3.12.4 适用场景与实战应用

1. 适用场景

- 高频交易或日内交易：适合高流动性股票、ETF、期货等品种。
- 趋势反转捕捉：尤其适合捕捉短周期内的趋势衰竭与反转信号。
- 高频择时：可作为多因子模型中的一环，提升择时能力。

2. 实战注意事项

- 需保证数据的高质量与高频率，避免因数据缺失导致信号失真。
- 建议与其他因子（如波动率、价量背离等）联合使用，提升策略的稳健性。
- 高频策略需考虑交易成本、滑点、延迟等实际问题。

3.12.5 常见错误与优化建议

1. 常见错误

- 数据对齐错误：分钟线与日线未正确对齐，导致因子与收益率错配。
- 参数设置不当：动量窗口或衰减参数过大或过小，影响因子敏感性。
- 过拟合风险：在历史数据上的调参过多，导致实盘表现不佳。
- 忽略交易成本：高频策略若不考虑手续费与滑点，回测结果易失真。

2. 优化建议

- 多窗口测试，选择最优的动量与衰减参数组合。
- 引入正则化或交叉验证，防止过拟合。
- 与成交量、波动率等其他高频因子结合，提升策略的稳健性。
- 实盘前充分模拟，评估策略在不同市场环境下的表现。

3.12.6 提示词模板设计

1. CRISPE 框架示例

能力和角色：作为高频量化交易策略设计师。

见解：你需要开发一个能识别趋势衰竭信号的高频动量衰减因子。

声明：请基于分钟线数据，计算过去 N 分钟收益率作为动量，结合成交量标准差/时间衰减参数，输出动量衰减因子，并评估其与次日收益率的 Rank IC。

个性：输出内容简洁、代码有注释，适合量化研究员阅读。

实验：请分别用 N=10、N=20、N=30 三种窗口测试，并对输出的 Rank IC 结果进行对比。

提示词示例：

> 作为高频量化交易策略设计师，请基于某股票的分钟线数据，分别以 N=10、N=20、N=30 为窗口，计算动量衰减因子（动量=过去 N 分钟收益率，衰减系数=成交量标准差/时间衰减参数），并输出动量衰减因子与次日收益率的 Rank IC 对比结果。请用 Python 代码实现，并附上必要的注释。

2. BROKE 框架示例

> 背景：你正在为量化基金开发高频择时因子。
> 角色：作为高频因子专家。
> 目标：设计动量衰减因子。
> 关键结果：输出动量衰减因子与次日收益率的 Rank IC。
> 改进：尝试不同的成交量衰减参数，比较效果。

提示词示例：

> 你作为高频因子专家，请基于分钟线数据，设计动量衰减因子（动量=过去 N 分钟收益率，衰减系数=成交量标准差/时间衰减参数），并测试不同衰减参数下的 Rank IC 表现。请用 Python 代码实现，并对输出结果进行对比。

3. ICIO 框架示例

> 说明：计算高频动量衰减因子与次日收益率的 Rank IC。
> 背景：用于股票高频交易策略。
> 输入数据：分钟线 K 线数据。

输出指示：以表格形式输出不同参数下的 Rank IC。

提示词示例：

请基于以下分钟线 K 线数据，计算过去 *N* 分钟收益率与成交量标准差/时间衰减参数组合成的动量衰减因子，并以表格形式输出不同的 *N* 和衰减参数下的 Rank IC 值。

4. 思维链技术示例

Few-Shot CoT：

请分步完成以下任务：

1. 计算过去 *N* 分钟的收益率，将其作为动量。
2. 计算 *N* 分钟内成交量的标准差。
3. 设定时间衰减参数，计算衰减系数。
4. 组合动量与衰减系数，得到动量衰减因子。
5. 计算动量衰减因子与次日收益率的 Rank IC。

Zero-Shot CoT：

让我们一步步思考：如何基于分钟线数据设计一个动量衰减因子，并评估其与次日收益率的 Rank IC？

3.12.7　练习建议与反思问题

- 参数敏感性分析：尝试使用不同的动量窗口和衰减参数，观察因子表现的变化。
- 跨品种测试：将因子应用于不同的股票或期货，验证其通用性。

- 与其他高频因子组合：如价量背离、波动率等，探索多因子融合的效果。
- 实盘模拟：在仿真环境下测试策略的执行效果，关注滑点与成交效率。
- 在极端行情下，动量衰减因子的表现如何？如何优化？
- 如何防止因子过拟合历史数据？
- 在实际交易中，如何动态调整参数以适应市场变化？

※总结

高频动量衰减因子的开发是 AI 时代量化交易策略智能化的重要体现。通过将分钟级收益率与成交量衰减速率相结合，既能捕捉短周期的趋势机会，又能有效识别趋势衰竭，避免追涨杀跌。结合提示词工程的系统化方法，可以让策略开发更加高效、智能、稳健。希望读者能通过学习本节的实战案例，掌握高频因子的开发流程，并将其灵活应用于实际投资中。

3.13 龙头股特征提取与模仿策略（贝塔量化）

3.13.1 策略逻辑与来源

1. 背景介绍

在 A 股市场，龙头股往往能引领板块行情，成为市场关注的焦点。“连板”个股（连续多个涨停板）更是短线资金追逐的对象。以“中源家居”5 连板为例，龙头股的启动往往具备一系列共性特征，如市值较小、换手率高、题材新颖等。对于量化交易者来说，能否在首板或二板阶段识别出潜在龙头股，是获取超额收益的关键。

2. 策略逻辑

本节的核心思路是：通过分析近一年所有 5 连板以上个股的首板数据，提取龙头股的共性特征，构建“模仿因子”，并在当前市场中筛选出具备这些特征的股票，进行策略回测和实盘跟踪。

- 特征提取：统计龙头股的市值、首板换手率、题材出现时间等指标的分布区间。
- 模仿因子构建：如“小市值+新题材+低换手率”。
- 实盘筛选与回测：用上述因子在当前市场筛选标的，并进行策略回测。

3. 策略目标

- 在首板或二板阶段识别潜在龙头股，提前布局。
- 通过量化因子提升选股效率，降低主观判断失误。
- 实现策略的可回测、可复现、可优化。

3.13.2 数据需求与获取方法

1. 数据需求

- 历史连板股名单：近一年所有 5 连板及以上个股及其涨停日期。
- 个股基本面数据：市值、流通市值、所属行业、公司主营等。
- 行情数据：日 K 线（开盘、收盘、最高、最低、成交量、成交额、换手率）。
- 题材信息：个股所属题材、题材首次出现时间。
- 市场环境数据：大盘指数、情绪指标等（辅助分析）。

2. 数据获取方法

（1）数据源

- Tushare、聚宽、Wind、同花顺 iFinD 等。
- 可通过公开新闻、公告、第三方数据平台（如雪球、东方财富）爬取题材信息。

（2）核心代码实现（以 Tushare 为例）

```
Python

import tushare as ts
import pandas as pd

# 初始化 Tushare
ts.set_token('YOUR_TUSHARE_TOKEN')
pro = ts.pro_api()

# 获取近一年交易日历
trade_cal = pro.trade_cal(exchange='SSE',
start_date='20230401', end_date='20240401')
trade_days = trade_cal[trade_cal['is_open'] ==
1]['cal_date'].tolist()

# 获取所有 A 股名单
stocks = pro.stock_basic(exchange='', list_status='L',
fields='ts_code,symbol,name,area,industry,list_date')

# 获取历史涨跌停数据
limit_data = pro.stk_limit(trade_date='20230401')
# 示例，需循环获取

# 获取个股日线行情
df = pro.daily(ts_code='000001.SZ', start_date='20230401',
end_date='20240401')

# 获取题材信息（需要自定义爬虫或第三方 API）
# 省略示例
```

3.13.3　流程图与代码讲解

1. 特征提取流程

- 筛选 5 连板以上个股：遍历历史数据，识别连续涨停板数大于等于 5 的股票。
- 提取首板数据：记录这些股票在连板周期的第一个涨停日的市值、换手率、题材等信息。
- 统计特征分布：计算市值中位数、首板换手率区间、题材首次出现时间等。
- 构建模仿因子：根据统计结果，定义"龙头股模仿因子"。
- 实盘筛选与回测：在当前市场中筛选具备这些特征的股票，回测策略表现。

2. 流程图

连板股筛选与策略回测流程如图 3.11 所示。

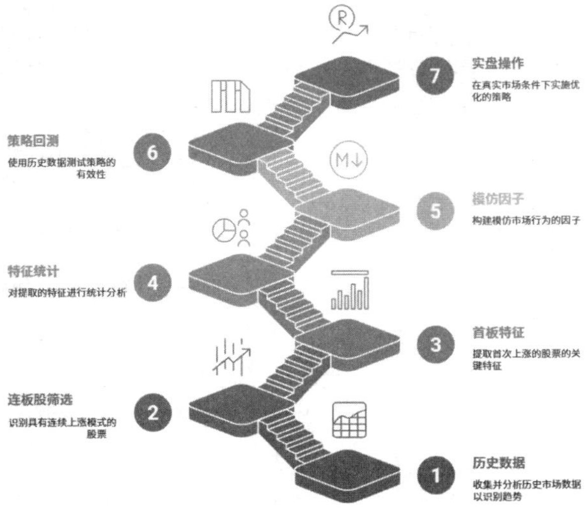

图 3.11　连板股筛选与策略回测流程

3. 核心代码实现

（1）连板股筛选与首板特征提取

```
Python

import tushare as ts
import pandas as pd
import numpy as np
from datetime import datetime, timedelta

ts.set_token('YOUR_TUSHARE_TOKEN')
pro = ts.pro_api()

def get_limit_up_stocks(start_date, end_date):
    """获取区间内的所有涨停股票"""
    all_limits = []
    trade_days = pro.trade_cal(exchange='',
start_date=start_date, end_date=end_date,
is_open=1)['cal_date'].tolist()
    for date in trade_days:
        df = pro.limit_list(trade_date=date)
        if df is not None and not df.empty:
            df['trade_date'] = date
            all_limits.append(df)
    return pd.concat(all_limits, ignore_index=True)

def identify_lianban(df, min_lianban=5):
    """识别连续涨停股票及其连板数"""
    df = df.sort_values(['ts_code', 'trade_date'])
    df['is_limit'] = 1
    df['prev_date'] =
df.groupby('ts_code')['trade_date'].shift(1)
    df['date_diff'] = (pd.to_datetime(df['trade_date']) -
pd.to_datetime(df['prev_date'])).dt.days
    df['new_lianban'] = (df['date_diff'] != 1) |
(df['date_diff'].isnull())
    df['lianban_id'] =
df.groupby('ts_code')['new_lianban'].cumsum()
    lianban_counts = df.groupby(['ts_code',
'lianban_id']).size().reset_index(name='lianban_count')
    lianban_df = df.merge(lianban_counts, on=['ts_code',
'lianban_id'])
    return lianban_df[lianban_df['lianban_count'] >=
min_lianban]
```

```
def extract_first_limit_features(lianban_df):
    """提取首板特征"""
    first_limits = lianban_df.groupby(['ts_code',
'lianban_id']).first().reset_index()
    # 获取市值、换手率等
    features = []
    for _, row in first_limits.iterrows():
        ts_code = row['ts_code']
        date = row['trade_date']
        daily = pro.daily(ts_code=ts_code, start_date=date,
end_date=date)
        basic = pro.daily_basic(ts_code=ts_code,
trade_date=date)
        if not daily.empty and not basic.empty:
            features.append({
                'ts_code': ts_code,
                'trade_date': date,
                'market_cap': basic.iloc[0]['circ_mv'],
                'turnover_rate': basic.iloc[0]['turnover_rate'],
                # 'theme': get_theme(ts_code, date), # 需要自定义
            })
    return pd.DataFrame(features)
```

（2）特征统计与模仿因子构建

```
Python

def analyze_features(features_df):
    """统计龙头股首板特征"""
    stats = {
        '市值中位数': features_df['market_cap'].median(),
        '市值分布': (features_df['market_cap'].quantile(0.25),
features_df['market_cap'].quantile(0.75)),
        '首板换手率区间':
(features_df['turnover_rate'].quantile(0.25),
features_df['turnover_rate'].quantile(0.75)),
        # '题材出现时间分布': ... # 需要自定义
    }
    return stats

def mimic_factor(row, stats):
    """模仿因子打分：小市值+新题材+低换手率"""
    score = 0
    if row['market_cap'] < stats['市值中位数']:
        score += 1
    if row['turnover_rate'] < stats['首板换手率区间'][1]:
```

```
            score += 1
    # if is_new_theme(row['theme'], ...): score += 1
    return score
```

（3）当前市场筛选与回测

```
Python

def select_candidates(today, stats):
    """筛选当前市场符合特征的股票"""
    stocks = pro.stock_basic(exchange='', list_status='L',
fields='ts_code')
    candidates = []
    for ts_code in stocks['ts_code']:
        daily = pro.daily(ts_code=ts_code, start_date=today,
end_date=today)
        basic = pro.daily_basic(ts_code=ts_code,
trade_date=today)
        if daily.empty or basic.empty:
            continue
        row = {
            'ts_code': ts_code,
            'market_cap': basic.iloc[0]['circ_mv'],
            'turnover_rate': basic.iloc[0]['turnover_rate'],
            # 'theme': get_theme(ts_code, today)
        }
        score = mimic_factor(row, stats)
        if score >= 2:
            candidates.append(row)
    return pd.DataFrame(candidates)

def backtest_strategy(candidate_df, holding_days=5):
    """简单回测：买入后持有 5 天"""
    returns = []
    for _, row in candidate_df.iterrows():
        ts_code = row['ts_code']
        buy_date = row['trade_date']
        # 获取买入后 5 天的收盘价
        daily = pro.daily(ts_code=ts_code, start_date=buy_date,
end_date=(datetime.strptime(buy_date, '%Y%m%d') +
timedelta(days=holding_days)).strftime('%Y%m%d'))
        if len(daily) >= holding_days+1:
            ret = (daily.iloc[-1]['close'] -
daily.iloc[0]['close']) / daily.iloc[0]['close']
            returns.append(ret)
    return returns
```

3.13.4 适用场景与实战应用

1. 适用市场

- 适用于 A 股、港股等以题材炒作为主的市场，尤其是短线资金活跃、存在涨停板机制的市场环境。
- 对于美股等无涨停板机制市场，可适当调整为“连续大涨”替代“连板”。

2. 实盘应用建议

- 数据实时性：需要保证数据获取和处理的实时性，尤其是题材信息的更新。
- 风险控制：短线龙头股策略波动大，需严格设置止损、仓位管理。
- 资金体量：适合中小资金，因龙头股市值普遍较小，大资金进出容易影响价格。

3. 适用阶段

- 在牛市或题材轮动活跃期使用的效果最佳，在熊市或流动性枯竭期需谨慎使用。

3.13.5 常见错误与优化建议

1. 常见错误

- 数据滞后：题材信息未能及时更新，导致“新题材”判断失效。
- 过度拟合：仅根据历史龙头股特征构建因子，忽略市场环境变化。
- 忽略流动性风险：小市值标的流动性差，买入后难以顺利卖出。
- 回测偏差：未考虑实际交易滑点、涨停时无法买入等现实约束。

2. 优化建议

- 动态调整因子权重：根据市场环境（如牛市/熊市、流动性）动态调整模仿因子的权重。
- 引入情绪指标：结合市场情绪（如涨停家数、龙虎榜资金流向）辅助判断。
- 多维度题材分析：结合新闻、公告、社交媒体等多源数据，提升对题材新颖度的判断准确率。
- 实盘跟踪与反馈：持续跟踪策略表现，及时优化参数和因子。

3.13.6　提示词模板设计

参考提示词工程案例，设计适用于本策略的提示词模板，助力 AI 高效识别龙头股特征和筛选标的。

1. CRISPE 框架示例

> 能力和角色：作为量化交易策略分析师。
>
> 见解：需分析近一年 5 连板以上个股的首板特征，筛选潜在龙头股。
>
> 声明：统计市值、换手率、题材新颖度等特征，输出共性特征和模仿因子。
>
> 个性：简明、专业。
>
> 实验：请输出 3 个不同权重组合的模仿因子。

提示词示例：

> 作为量化交易策略分析师，请对近一年所有 5 连板以上个股的首板数据进行分析，统计龙头股的市值中位数、首板换手率区间、题材出现时间等共性特征，并基于这些特征输出 3 组不同权重组合的模仿因

子公式。请给出当前市场匹配标的名单及策略回测曲线。

2. BROKE 框架提示词

背景：你正在为量化基金开发龙头股模仿策略。

角色：请作为龙头股策略专家。

目标：构建可实盘应用的龙头股模仿因子。

关键结果：输出模仿因子公式、筛选名单、回测结果。

改进：请提出 3 种优化建议。

提示词示例：

你作为龙头股策略专家，请基于近一年 5 连板以上个股的首板数据，构建龙头股模仿因子，输出模仿因子公式、当前市场匹配名单及回测结果，并提出 3 种优化建议。

3. ICIO 框架提示词

说明：分析龙头股特征并构建模仿策略。

背景：A 股市场，题材驱动明显。

输入数据：近一年 5 连板以上个股首板数据。

输出指示：表格输出特征统计、模仿因子公式、筛选名单、回测曲线。

提示词示例：

任务：分析 A 股近一年所有 5 连板以上个股的首板特征，构建龙头股模仿因子。输入数据为首板市值、换手率、题材出现时间。输出格式：

> 1. 表格统计共性特征。
> 2. 给出模仿因子公式。
> 3. 列出当前市场匹配标的。
> 4. 绘制策略回测曲线。

4. 思维链提示词

> 请一步步分析近一年 5 连板以上个股的首板特征，依次完成：
> 1. 统计市值、换手率、题材新颖度分布。
> 2. 总结龙头股共性特征。
> 3. 构建模仿因子公式。
> 4. 用该因子筛选当前市场标的并回测表现。

3.13.7　练习建议与反思问题

- 数据实操：用 Tushare 等数据源，动手提取近一年 5 连板以上个股的首板数据，统计特征分布。
- 因子优化：尝试不同的权重组合，优化模仿因子的筛选效果。
- 回测实战：用 Python 代码实现策略回测，分析不同市场环境下的表现。
- 题材分析：结合新闻、公告，提升题材新颖度的判断能力。
- 龙头股共性特征是否随市场环境的变化而变化？如何动态调整模仿因子？
- 在极端行情（如流动性枯竭、监管加强）下，该策略的表现如何？如何防控风险？
- 如何结合 AI 模型，实现龙头股特征的自动提取与实时筛选？

- 如何量化题材新颖度？能否用自然语言处理等 AI 方法自动识别新题材？
- 在实盘执行时，如何解决“涨停无法买入”和“高换手导致滑点大”等实际问题？

※总结

龙头股特征提取与模仿策略，是 A 股题材驱动市场中极具实战价值的量化方法。通过系统分析历史龙头股的启动特征，构建模仿因子，并结合提示词工程与自动化筛选，可以极大提升量化选股的前瞻性和效率。未来，随着 AI 与大数据的深度融合，龙头股策略将更加智能化、动态化，成为量化交易员的重要武器。

3.14　舆情监控与事件驱动分析（另类量化）

3.14.1　策略逻辑与来源

1. 背景与意义

在 AI 时代，信息传播速度极快，社交媒体、新闻平台与上市公司公告成为市场情绪与事件驱动的重要来源。政策利好、行业突发风险等事件往往会在极短时间内引发市场的剧烈波动。通过实时舆情监控与事件分析，量化交易者能够：

- 捕捉事件驱动的短线交易机会（如政策扶持、利好消息等带来的上涨机会）。
- 及时规避“黑天鹅”风险（如突发负面新闻、行业危机等造成的暴跌）。

2. 策略核心思想

本节策略以“事件驱动”为核心，结合 NLP 情感分析，自动从社交媒体、新闻平台、上市公司公告等渠道抓取与特定主题（如“半导体产业扶持政策”）有关的舆情数据，提取关键信息，量化情绪信号，筛选受益的上市公司，并结合市场交易数据（如换手率）设定策略触发条件，实现自动化决策与交易。

3.14.2　数据需求与获取方法

1. 数据类型

- 舆情数据：社交媒体（如微博、雪球）、新闻网站、公告平台（如巨潮资讯、东方财富网公告等）。
- 上市公司基本信息：公司名称、股票代码、所属行业。
- 市场行情数据：换手率、成交量、价格等。

2. 数据获取方法

（1）舆情数据采集

- 利用爬虫或 API 接口，实时抓取包含指定关键词（如“半导体产业扶持政策”）的新闻、公告、社交媒体内容。
- 常用工具：requests、BeautifulSoup、Selenium、第三方新闻 API（如聚合数据、天行数据等）。

（2）上市公司信息

公开数据源（如东方财富、雪球、巨潮资讯等）抓取上市公司名单及行业分类。

（3）行情数据

通过 Tushare、AKShare 等金融数据接口获取 A 股市场实时或历史行情数据。

3.14.3 流程图与代码讲解

1. 流程图

舆情数据分析与交易策略触发流程如图 3.12 所示。

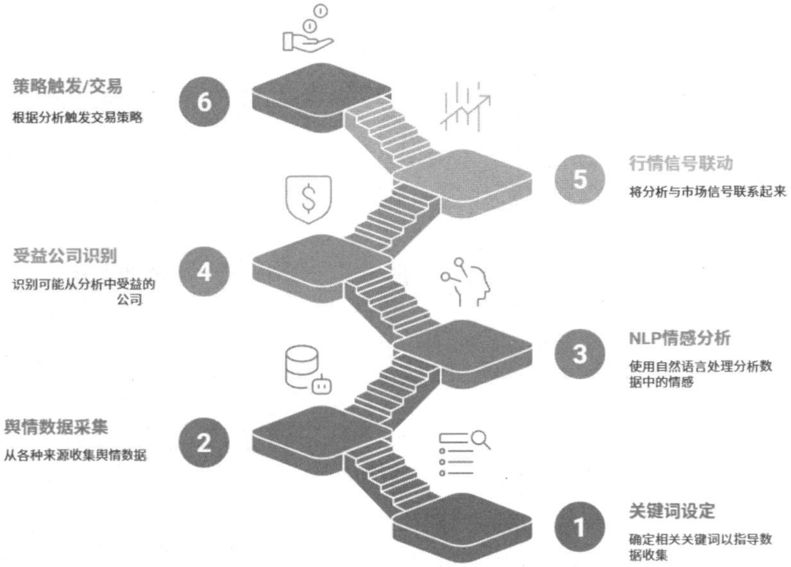

图 3.12 舆情数据分析与交易策略触发流程

2. 核心代码实现

（1）舆情抓取与情感分析

以“半导体产业扶持政策”为例，抓取相关新闻和公告，提取受益公司及情绪分数。

```
Python

import requests
from bs4 import BeautifulSoup
```

```
import re
import pandas as pd
from snownlp import SnowNLP  # 中文情感分析工具
import akshare as ak

# 1. 新闻抓取示例（以新浪新闻为例）
def fetch_news(keyword, pages=2):
    news_list = []
    for page in range(1, pages+1):
        url =
f"[https://search.sina.com.cn/?q={keyword}&range=all&c=news&so
rt=time&page={page}"](https://search.sina.com.cn/?q={keyword}&
range=all&c=news&sort=time&page={page}")
        headers = {'User-Agent': 'Mozilla/5.0'}
        resp = requests.get(url, headers=headers, timeout=10)
        soup = BeautifulSoup(resp.text, 'html.parser')
        for item in soup.find_all('div', class_='box-result'):
            title = item.find('h2').text.strip()
            link = item.find('a')['href']
            content = item.find('p',
class_='content').text.strip() if item.find('p',
class_='content') else ''
            news_list.append({'title': title, 'link': link,
'content': content})
    return pd.DataFrame(news_list)

# 2. 上市公司名单获取（以半导体行业为例）
def get_semiconductor_companies():
    # 使用 AKShare 获取行业成分股
    df = ak.stock_board_concept_cons_em(concept_name="半导体")
    return df[['代码', '名称']]

# 3. 提取受益公司与情绪分数
def extract_benefit_companies(news_df, company_df):
    result = []
    for idx, row in news_df.iterrows():
        s = SnowNLP(row['content'])
        sentiment = s.sentiments * 20 - 10  # 转换为-10~+10
        for _, c_row in company_df.iterrows():
            if c_row['名称'] in row['title'] or c_row['名称'] in
row['content']:
                result.append({
                    '公司代码': c_row['代码'],
                    '公司名称': c_row['名称'],
                    '新闻标题': row['title'],
```

```
                    '情绪得分': round(sentiment, 2),
                    '新闻链接': row['link']
                })
    return pd.DataFrame(result)

# 4. 行情数据与策略触发
def get_turnover_and_trigger(companies, sentiment_threshold=5,
turnover_threshold=3):
    # 获取实时换手率数据
    triggered = []
    for _, row in companies.iterrows():
        try:
            df = ak.stock_zh_a_spot_em()
            stock_info = df[df['代码'] == row['公司代码']]
            if not stock_info.empty:
                turnover = float(stock_info.iloc[0]['换手率'])
                if row['情绪得分'] > sentiment_threshold and
turnover > turnover_threshold:
                    triggered.append({
                        '公司代码': row['公司代码'],
                        '公司名称': row['公司名称'],
                        '情绪得分': row['情绪得分'],
                        '换手率': turnover,
                        '新闻标题': row['新闻标题'],
                        '新闻链接': row['新闻链接'],
                        '策略触发': True
                    })
        except Exception as e:
            continue
    return pd.DataFrame(triggered)

# 5. 主流程
if __name__ == "__main__":
    keyword = "半导体产业扶持政策"
    news_df = fetch_news(keyword, pages=3)
    company_df = get_semiconductor_companies()
    benefit_companies = extract_benefit_companies(news_df,
company_df)
    # 只保留情绪分数最高的 5 家公司
    top5 = benefit_companies.sort_values('情绪得分',
ascending=False).drop_duplicates('公司代码').head(5)
    triggered_df = get_turnover_and_trigger(top5)
    print("策略触发公司名单：")
    print(triggered_df[['公司代码', '公司名称', '情绪得分', '换手率
```

```
', '新闻标题', '新闻链接']])
```

代码说明

- fetch_news：抓取新浪新闻中与关键词有关的最新新闻。
- get_semiconductor_companies：获取半导体概念股名单。
- extract_benefit_companies：分析新闻内容，提取出现公司名的新闻，并用 SnowNLP 给出情绪得分，转化为−10~+10。
- get_turnover_and_trigger：结合行情数据，判断情绪得分和换手率是否超过阈值，输出策略触发公司名单。

输出示例如表 3.4 所示。

表 3.4　输出示例

公司代码	公司名称	情绪得分	换手率	新闻标题	新闻链接
603986	兆易创新	8.5	4.2	半导体政策利好	http://...

3.14.4　适用场景与实战应用

1. 适用场景

- 事件驱动型短线策略（如政策发布、行业突发新闻）。
- 风险管理与预警（如监控“黑天鹅”事件）。
- 高频舆情信号挖掘与自动化交易。

2. 环境要求

- Python 3.7 及以上。
- 依赖库：requests、BeautifulSoup、SnowNLP、AKShare、Pandas。
- 具备网络访问能力，能够实时采集数据。

3. 适用市场

- A 股市场（可扩展至美股、港股等）。
- 对信息敏感、消息驱动型行业（如半导体、医药、科技行业等）。

3.14.5　常见错误与优化建议

1. 常见错误

- 舆情数据采集不全，导致信号缺失。
- 情感分析模型对金融文本的适应性不足，误判情绪。
- 公司名称歧义，误将无关公司纳入策略。
- 行情数据延迟，导致信号失效。
- 策略触发阈值设置不合理，漏掉或误报交易机会。

2. 优化建议

- 多源数据融合，提升舆情覆盖度。
- 针对金融领域微调 NLP 情感分析模型。
- 引入公司代码唯一标识，减少歧义。
- 实时行情接口，缩短数据延迟。
- 动态调整策略阈值，结合历史回测优化参数。
- 增加异常检测与人工复核机制，防范极端误判。

3.14.6 提示词模板设计

1. CRISPE 框架示例

> 能力和角色：作为量化舆情分析师。
>
> 见解：你需要分析今日“半导体产业扶持政策”相关舆情，识别受益的上市公司。
>
> 声明：提取 5 家受益上市公司名单，输出情绪得分（−10 至+10）及策略触发条件（如情绪得分大于 5 且换手率突破阈值）。
>
> 个性：输出简洁明了，适合量化交易员快速决策。
>
> 实验：请分别给出不同情绪阈值下的策略触发名单。

提示词示例：

> 请作为量化舆情分析师，分析今日“半导体产业扶持政策”相关舆情，提取 5 家受益上市公司名单，输出每家公司的情绪得分（−10 至+10），并判断是否满足策略触发条件（如情绪得分大于 5 且换手率大于 3%）。请以表格形式输出，并说明触发原因。

2. BROKE 框架示例

> 背景：你正在为量化基金开发事件驱动策略。
>
> 角色：请作为舆情与事件分析专家。
>
> 目标：识别政策事件下的受益公司并量化情绪信号。
>
> 关键结果：输出公司名单、情绪得分、触发信号。
>
> 改进：请给出情绪阈值、换手率阈值的优化建议。

3. ICIO 框架示例

> 说明：分析“半导体产业扶持政策”舆情，提取受益公司及情绪分数。
>
> 背景：今日新闻、公告、社交媒体数据。
>
> 输入数据：公司名单、新闻文本、行情数据。
>
> 输出指示：表格输出公司、情绪得分、换手率、策略触发标记。

4. 思维链技术示例

> 让我们一步步思考，首先分析新闻文本情绪，然后匹配受益公司名单，最后结合行情数据判断策略是否触发。

3.14.7 练习建议与反思问题

- 修改关键词，尝试分析“新能源车补贴政策”相关舆情，提取受益公司及策略触发条件。
- 将情绪阈值和换手率阈值参数化，回测不同参数下的策略表现。
- 将爬虫数据源扩展到雪球、微博等社交媒体，比较不同数据源对策略信号的影响。
- 当前情感分析模型对金融舆情的适应性如何？如何提升准确率？
- 策略触发条件应如何动态优化？是否需要引入更多的市场因子？
- 如何防范极端舆情（如谣言、误报）对策略的干扰？
- 当多源数据融合时，如何设计权重与优先级？

※总结

本节系统讲解了 AI 驱动下的舆情监控与事件驱动量化交易策略，从数据采集、NLP 情感分析、公司筛选到策略触发，结合 Python 代码与提示词工程，展示了如何高效捕捉市场事件机会、规避风险。未来，随着大模型与多模态 AI 的发展，舆情与事件驱动策略将在量化交易中发挥更大的价值。建议读者结合实盘数据不断优化策略，提升自动化决策与风险管理能力。

3.15　游资席位行为模式解析（另类量化）

在中国 A 股市场，游资席位（如方新侠、章盟主等）因其资金量大、操作风格鲜明、短线影响力强而备受关注。追踪这些知名游资席位的买入标的、金额、操作周期，识别其模式偏好，成为量化交易中提升短线胜率的重要方法。本节将以 AI 与量化工具为核心，系统解析游资席位行为模式，助力交易者"跟随聪明资金"，把握市场热点。

3.15.1　策略逻辑与来源

1. 策略逻辑

- 追踪龙虎榜数据，识别知名游资席位的买入行为。
- 按席位的操作风格（打板、低吸、趋势）分类。
- 统计各席位操作的成功率、盈亏比，生成席位风格画像。
- 分析席位的联动效应（如多个席位共同买入同一标的）。
- 结合历史案例，辅助判断当前活跃席位的最新介入标的的后续表现。

2. 策略来源

- 市场实证：大量研究和实盘显示，游资席位对短线行情有显著影响，尤其在热点题材、涨停板炒作中。

- AI 辅助：通过大模型处理龙虎榜数据，可高效识别席位行为模式，提升策略的自动化与智能化水平。

3.15.2 数据需求与获取方法

1. 数据需求

- 龙虎榜每日明细数据（近 1 个月或更长周期）。
- 席位名称、买入或卖出金额、操作标的、操作时间。
- 标的后续涨跌幅、连板数等表现。
- 游资席位标签（如“方新侠”和“章盟主”等）。
- 可选：板块、题材、市场情绪等辅助数据。

2. 数据获取方法

- 在聚宽、同花顺、东方财富等平台 API 抓取龙虎榜数据。
- 公开数据爬虫（如爬取东方财富龙虎榜页面）。
- 购买第三方数据服务（如 Wind、聚源等）。
- 数据格式建议：CSV、Excel、数据库表，字段包括日期、席位、买入金额、卖出金额、股票代码、股票名称、涨跌幅、连板数等。

以爬取东方财富的龙虎榜数据为例，Python 代码如下：

```
Python

import requests
import pandas as pd
from bs4 import BeautifulSoup

def fetch_lhb_data(date_str):
    """
    爬取东方财富指定日期的龙虎榜数据
    :param date_str: '2024-04-01'
```

```
    :return: DataFrame
    """
    url = 
f'[http://data.eastmoney.com/stock/lhb/{date_str}.html'](http:
//data.eastmoney.com/stock/lhb/{date_str}.html')
    resp = requests.get(url)
    soup = BeautifulSoup(resp.text, 'html.parser')
    # 这里只给出结构示例，实际需要根据页面结构调整
    tables = pd.read_html(resp.text)
    lhb_df = tables[0]  # 假设第一个表为龙虎榜
    return lhb_df

# 示例调用
df = fetch_lhb_data('2024-04-01')
print(df.head())
```

3.15.3　流程图与代码讲解

1. 流程图

龙虎榜数据分析流程如图 3.13 所示。

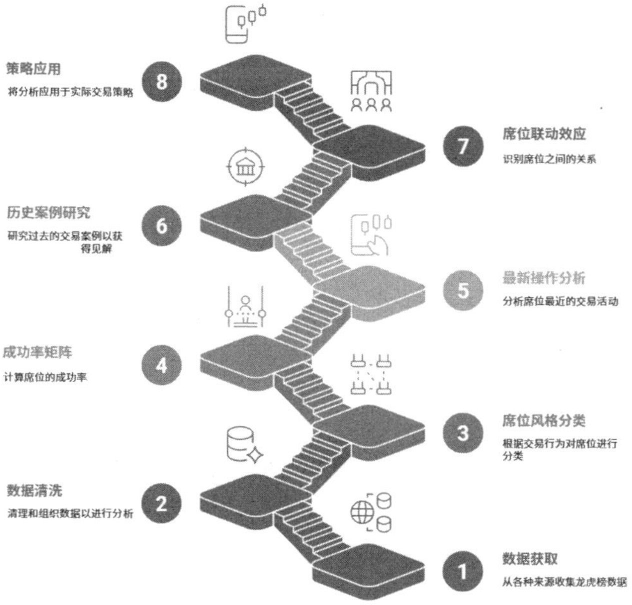

图 3.13　龙虎榜数据分析流程

2. 席位风格分类（打板/低吸/趋势）

逻辑说明如下。

- 打板：买入时该股为涨停板，且席位多次出现在连板股。
- 低吸：买入时股价处于低位，非涨停，且次日涨幅较大。
- 趋势：席位持股周期较长，偏好趋势上涨个股。

Python 代码的实现思路如下。

- 统计席位买入时的股价状态（是否涨停、涨跌幅）。
- 结合席位的历史操作数据，可采用聚类分析或规则分类的方法，划分其交易风格。

```
Python

def classify_seat_style(lhb_df):
    """
    对游资席位操作风格进行分类
    :param lhb_df: 包含席位、买入金额、买入日期、股票涨跌幅等字段的
DataFrame
    :return: 席位风格 DataFrame
    """
    seat_styles = []
    for seat in lhb_df['席位名称'].unique():
        seat_data = lhb_df[lhb_df['席位名称'] == seat]
        hit_board = seat_data[seat_data['买入时涨停'] ==
1].shape[0]
        low_absorb = seat_data[(seat_data['买入时涨停'] == 0) &
(seat_data['买入后涨幅'] > 5)].shape[0]
        trend = seat_data[seat_data['持有天数'] > 3].shape[0]
        # 简单规则分类
        if hit_board > low_absorb and hit_board > trend:
            style = '打板'
        elif low_absorb > hit_board and low_absorb > trend:
            style = '低吸'
        else:
            style = '趋势'
        seat_styles.append({'席位': seat, '风格': style})
    return pd.DataFrame(seat_styles)
```

```
# 假设已处理好数据
style_df = classify_seat_style(lhb_df)
print(style_df)
```

3. 成功率矩阵（按连板数统计盈亏比）

逻辑说明如下。

- 在每次操作席位后，统计标的连板数、盈亏比。
- 构建“席位—连板数—盈亏比”三维矩阵。

```
Python

def seat_success_matrix(lhb_df):
    """
    统计席位操作成功率与盈亏比
    :param lhb_df: DataFrame
    :return: DataFrame
    """
    results = []
    for seat in lhb_df['席位名称'].unique():
        seat_data = lhb_df[lhb_df['席位名称'] == seat]
        for n in range(1, 6):  # 连板数 1~5
            sub = seat_data[seat_data['连板数'] == n]
            if not sub.empty:
                win_rate = (sub['买入后涨幅'] > 0).mean()
                avg_pnl = sub['买入后涨幅'].mean()
                results.append({'席位': seat, '连板数': n, '胜率':
win_rate, '平均盈亏': avg_pnl})
    return pd.DataFrame(results)

matrix_df = seat_success_matrix(lhb_df)
print(matrix_df)
```

4. 当前活跃席位最新介入标的及历史相似案例

逻辑说明如下。

- 找出近一周活跃席位最新买入的标的。
- 检索历史上该席位在类似操作（如同一风格、同一题材、同一连板数）下的案例及收益。

```
Python

def latest_seat_targets(lhb_df, seat_name, days=7):
    """
    获取席位最新介入标的及历史相似案例
    :param lhb_df: DataFrame
    :param seat_name: 席位名称
    :param days: 近几天
    :return: 当前标的、历史案例
    """
    from datetime import datetime, timedelta
    lhb_df['买入日期'] = pd.to_datetime(lhb_df['买入日期'])
    cutoff = lhb_df['买入日期'].max() - timedelta(days=days)
    recent = lhb_df[(lhb_df['席位名称'] == seat_name) &
(lhb_df['买入日期'] >= cutoff)]
    targets = recent[['股票代码', '股票名称', '买入日期', '买入金额
']]
    # 历史相似案例
    style = classify_seat_style(lhb_df[lhb_df['席位名称'] ==
seat_name])['风格'].iloc[0]
    similar = lhb_df[(lhb_df['席位名称'] == seat_name) &
(lhb_df['风格'] == style)]
    return targets, similar[['股票代码', '股票名称', '买入日期', '
买入后涨幅']]

targets, similar_cases = latest_seat_targets(lhb_df, '方新侠')
print("最新介入标的: \n", targets)
print("历史相似案例: \n", similar_cases)
```

5. 席位联动效应分析

逻辑说明如下。

- 检查同一交易日、同一标的被多个知名席位共同买入的情况。
- 统计此类联动事件后标的的表现。

```
Python

def seat_linkage_effect(lhb_df, famous_seats):
    """
```

```
    分析席位联动效应
    :param lhb_df: DataFrame
    :param famous_seats: list
    :return: 联动事件 DataFrame
    """
    linkage = []
    grouped = lhb_df.groupby(['买入日期', '股票代码'])
    for (date, code), group in grouped:
        seats = group['席位名称'].tolist()
        involved = [s for s in seats if s in famous_seats]
        if len(involved) > 1:
            avg_gain = group['买入后涨幅'].mean()
            linkage.append({'日期': date, '股票代码': code, '席位数
': len(involved), '席位列表': involved, '平均涨幅': avg_gain})
    return pd.DataFrame(linkage)

famous = ['方新侠', '章盟主', '著名游资 A']
linkage_df = seat_linkage_effect(lhb_df, famous)
print(linkage_df)
```

3.15.4　适用场景与实战应用

1. 适用市场

- A 股市场，特别是中小盘、题材股、短线活跃股。
- 适合高频、日内、短线交易者。

2. 实战优势

- 快速识别市场热点与主力资金动向。
- 提高短线交易胜率，规避无效跟风。
- 可与 AI 结合，自动化批量分析席位行为。

3. 局限性

- 龙虎榜数据有滞后性，席位行为可能被提前布局。

- 游资席位有“马甲”现象，部分操作难以被完全追踪。
- 需结合盘面、题材、市场情绪综合判断。

3.15.5 常见错误与优化建议

1. 常见错误

- 仅依赖席位数据，忽略市场情绪与题材轮动。
- 数据清洗不彻底，席位名称不统一导致统计偏差。
- 误判席位风格，未结合实际买入时点与股价状态。
- 忽略席位“马甲”，导致统计失真。

2. 优化建议

- 多源校验席位名称，建立席位别名库。
- 引入题材、板块、市场情绪等辅助因子。
- 定期更新席位风格分类规则。
- 结合 AI 模型，自动识别席位行为模式。
- 对席位联动效应进行深度回测，筛选高胜率组合。

3.15.6 提示词模板设计

1. CRISPE 框架示例

> 能力和角色：作为量化席位行为分析师，请分析近 1 个月龙虎榜知名游资席位的操作风格。
>
> 见解：席位包括方新侠、章盟主等，需结合买入标的、金额、周期等信息。

声明：输出每个席位的操作风格分类（打板、低吸、趋势）、成功率矩阵（按连板数统计盈亏比）、当前活跃席位最新介入标的及历史相似案例、席位联动效应。

个性：请以结构化表格和简明文字输出，适合量化交易员阅读。

实验：请生成 3 种不同风格的分类算法的分析结果供选择。

2. BROKE 框架示例

背景：你正在为量化基金开发游资席位跟踪策略。

角色：请作为席位行为建模专家，分析席位操作模式。

目标：识别席位风格、统计操作成功率、挖掘席位联动效应。

关键结果：输出席位分类、胜率矩阵、联动事件及回测结果。

改进：请提出 3 种优化席位风格分类的建议。

3. ICIO 框架示例

说明：分析龙虎榜游资席位行为模式。

背景：席位以短线操作为主，影响市场热点。

输入数据：近 1 个月龙虎榜席位的明细数据。

输出指示：1. 席位风格分类表；2. 成功率矩阵；3. 联动效应事件列表。

4. 思维链技术示例

请逐步分析以下问题：

1. 如何根据买入时点判断席位风格？

2. 如何统计席位操作后的连板数及盈亏比？

3. 如何识别席位联动事件？

请分步输出每个问题的分析过程和结果。

3.15.7 练习建议与反思问题

- 尝试用 Python 代码，爬取近 1 个月龙虎榜数据，完成席位风格分类与成功率矩阵统计。
- 选择一个活跃席位，分析其最新介入标的，并查找历史相似操作案例，评估策略的有效性。
- 设计席位联动效应分析脚本，统计联动事件后的标的表现，寻找高胜率组合。
- 尝试用不同的提示词模板，生成席位行为模式分析报告，比较输出质量。
- 游资席位行为模式是否会随市场环境变化？如何动态调整分类规则？
- 在席位风格分类中，哪些特征最能区分“打板”“低吸”“趋势”？如何量化这些特征？
- 结合题材、板块、市场情绪等因子，优化席位行为量化交易策略，提升策略的稳健性。

※总结

游资席位行为模式解析是 AI 时代量化交易的重要方向。通过系统追踪、分类、统计席位行为，结合 AI 模型的强大分析能力，交易者能够更精准地把握市场热点，提升短线胜率。提示词工程与量化交易策略的结合，将极大释放 AI 在席位行为建模中的潜力，助力实战落地。

3.16　涨停原因归类与题材持续性评估（另类量化）

3.16.1　策略逻辑与来源

1. 背景与意义

在 A 股市场，涨停板（即股票单日涨幅达到交易所规定的上限，通常为 10%）现象是市场情绪、资金合力以及题材驱动共同作用的结果。涨停股往往代表着市场最强的热点和资金关注焦点。对涨停原因进行归类、统计各题材的涨停家数及资金强度，有助于判断题材炒作所处阶段（启动、高潮、退潮），进而优化题材轮动与资金流向的量化交易策略。

2. 策略逻辑

- 解析涨停股的公告、新闻、标签，归类涨停原因（如政策利好、业绩预增、技术突破等）。
- 统计各题材的涨停家数、封单总额，分析资金强度。
- 监测新题材首板股，识别市场新热点。
- 计算题材持续性评分（连板率×资金净流入率），评估题材热度与持续性。
- 识别退潮预警（昨日涨停但今日跌停的题材）。

3. 策略来源

该策略结合了市场主流的涨停分析方法、资金流监控与 AI 文本标签归因技术，被广泛应用于游资、机构、量化私募的题材轮动与热点捕捉实战。

3.16.2 数据需求与获取方法

1. 数据需求

- 每日涨停股名单：包括股票代码、名称、涨停时间、封单金额等。
- 公告、新闻与标签数据：用于归类涨停原因和题材（如“机器人”“芯片”“外贸”）。
- 资金流数据：包括主力净流入、封单金额等。
- 历史涨停记录：用于识别新题材与统计连板率。
- 行情数据：包括开盘价、收盘价、涨跌幅等。

2. 数据获取方法

- 行情数据接口：如聚宽、Tushare、东方财富等公开 API。
- 公告与新闻标签：可通过爬虫抓取或第三方数据服务（如同花顺、雪球、Wind）。
- 资金流数据：由部分券商或第三方数据平台提供。
- 自建数据库：建议将每日涨停股、公告、标签等整理入库，便于后续分析。

3.16.3 流程图与代码讲解

1. 流程图

涨停股筛选与归因分析文档流程如图 3.14 所示。

图 3.14　涨停股筛选与归因分析流程

2. 核心代码实现

(1) 涨停股及题材归类

```
Python

import pandas as pd
from collections import defaultdict
import datetime

# 假设有以下数据结构
# df_zt: columns=['date', 'code', 'name', 'zt_time', 'amount',
'tags', 'net_inflow', 'zt_count']
# tags 为分号分隔的题材标签，如"机器人;人工智能"

def classify_zt_reasons(df_zt):
    """
    归类涨停原因，统计各题材的涨停家数与封单总额
    """
    topic_count = defaultdict(int)
    topic_amount = defaultdict(float)
    for _, row in df_zt.iterrows():
```

```
        tags = str(row['tags']).split(';')
        for tag in tags:
            if tag:
                topic_count[tag] += 1
                topic_amount[tag] += row['amount']
    # 转为 DataFrame
    df_topic = pd.DataFrame({
        '题材': list(topic_count.keys()),
        '涨停家数': list(topic_count.values()),
        '封单总额': [topic_amount[k] for k in topic_count.keys()]
    })
    df_topic = df_topic.sort_values(['涨停家数', '封单总额'],
ascending=False)
    return df_topic

# 示例
# df_zt = pd.read_csv('zt_stocks.csv')
# df_topic = classify_zt_reasons(df_zt)
# print(df_topic.head(10))
```

（2）识别新题材首板股

```
Python

def get_new_topic_first_boards(df_zt, df_zt_hist, days=5):
    """
    识别新题材首板股（过去 days 日无相关概念）
    df_zt: 今日涨停股
    df_zt_hist: 过去 days 日涨停股
    """
    # 统计历史题材
    hist_tags = set()
    for _, row in df_zt_hist.iterrows():
        tags = str(row['tags']).split(';')
        hist_tags.update([tag for tag in tags if tag])
    # 今日所有题材
    today_tags = set()
    for _, row in df_zt.iterrows():
        today_tags.update([tag for tag in
str(row['tags']).split(';') if tag])
    # 新题材
    new_topics = today_tags - hist_tags
    # 找出新题材首板股
    first_board_list = []
    for _, row in df_zt.iterrows():
```

```
        tags = set(str(row['tags']).split(';'))
        if tags & new_topics and row['zt_count'] == 1:
            first_board_list.append({
                'code': row['code'],
                'name': row['name'],
                'tags': ';'.join(tags & new_topics)
            })
    return pd.DataFrame(first_board_list)

# df_zt_hist = pd.read_csv('zt_stocks_hist.csv')
# new_first_boards = get_new_topic_first_boards(df_zt,
df_zt_hist)
# print(new_first_boards)
```

（3）题材持续性评分

```
Python

def topic_continuity_score(df_zt, df_zt_hist,
net_inflow_col='net_inflow'):
    """
    计算题材持续性评分 = 题材内连板率 × 资金净流入率
    连板率 = 连板股数/题材总涨停家数
    资金净流入率 = 题材净流入总额/题材封单总额
    """
    topic_stats = defaultdict(lambda: {'zt_count':0,
'lianban_count':0, 'net_inflow':0, 'amount':0})
    for _, row in df_zt.iterrows():
        tags = str(row['tags']).split(';')
        for tag in tags:
            if tag:
                topic_stats[tag]['zt_count'] += 1
                topic_stats[tag]['amount'] += row['amount']
                topic_stats[tag]['net_inflow'] +=
row[net_inflow_col]
                if row['zt_count'] > 1:
                    topic_stats[tag]['lianban_count'] += 1
    # 计算评分
    result = []
    for tag, stat in topic_stats.items():
        lianban_rate = stat['lianban_count'] / stat['zt_count']
if stat['zt_count'] else 0
        inflow_rate = stat['net_inflow'] / stat['amount'] if
stat['amount'] else 0
        score = lianban_rate * inflow_rate
        result.append({
```

```
                '题材': tag,
                '连板率': round(lianban_rate, 2),
                '资金净流入率': round(inflow_rate, 2),
                '持续性评分': round(score, 3),
                '涨停家数': stat['zt_count']
            })
    df_score = pd.DataFrame(result).sort_values('持续性评分',
ascending=False)
    return df_score

# df_score = topic_continuity_score(df_zt, df_zt_hist)
# print(df_score)
```

（4）题材退潮预警

```
Python

def topic_decline_warning(df_zt_yesterday, df_dt_today):
    """
    预警：昨日涨停今日跌停的题材
    df_zt_yesterday: 昨日涨停股
    df_dt_today: 今日跌停股
    """
    # 昨日涨停题材
    topic_zt = defaultdict(set)
    for _, row in df_zt_yesterday.iterrows():
        tags = str(row['tags']).split(';')
        for tag in tags:
            if tag:
                topic_zt[tag].add(row['code'])
    # 今日跌停题材
    topic_dt = defaultdict(set)
    for _, row in df_dt_today.iterrows():
        tags = str(row['tags']).split(';')
        for tag in tags:
            if tag:
                topic_dt[tag].add(row['code'])
    # 找出重合题材
    warning_list = []
    for tag in topic_zt:
        if tag in topic_dt:
            overlap = topic_zt[tag] & topic_dt[tag]
            if overlap:
                warning_list.append({'题材': tag, '个股数':
len(overlap), '个股代码': ','.join(overlap)})
```

```
    return pd.DataFrame(warning_list)

# df_zt_yesterday = pd.read_csv('zt_stocks_yesterday.csv')
# df_dt_today = pd.read_csv('dt_stocks_today.csv')
# warning_df = topic_decline_warning(df_zt_yesterday,
df_dt_today)
# print(warning_df)
```

3.16.4　适用场景与实战应用

1. 适用场景

- 题材轮动策略：通过监控题材热度、持续性评分，动态调整持仓结构，把握市场主线。
- 短线热点捕捉：识别新题材首板股，提前布局潜在龙头股。
- 风险预警：通过退潮预警，及时规避高位题材回落风险。
- AI 辅助决策：结合 AI 模型对公告或新闻的标签归因，提升题材归类的智能化与前瞻性。

2. 实战案例

- 某量化私募机构使用上述方法，2024 年年初成功捕捉“算力+AI”主线行情，实现净值大幅超越同类。
- 游资席位利用题材持续性评分，精准把握“机器人”板块的高潮与退潮，规避了高位杀跌风险。

3.16.5　常见错误与优化建议

1. 常见错误

- 标签归类不准确：公告或新闻标签未能覆盖全部涨停原因，导致题材统计失真。

- 数据延迟或缺失：资金流、封单数据不及时，影响评分的准确性。
- 新题材识别遗漏：历史数据窗口设置不合理，导致对新题材的漏判。
- 连板率计算口径混乱：未区分一字板、换手板，影响持续性评分。

2. 优化建议

- 引入 AI 模型对公告、新闻文本进行 NLP 归因，提升标签的准确率。
- 采用多数据源交叉验证，减少数据缺失与延迟影响。
- 动态调整历史窗口，结合市场环境优化新题材识别逻辑。
- 连板率统计细分，区分一字板与换手板，反映真实的资金博弈强度。

3.16.6　提示词模板设计

1. CRISPE 框架示例

能力和角色：作为量化题材归因分析师。

见解：你正在分析 A 股市场涨停股的公告与新闻，目标是归类涨停原因并评估题材的持续性。

声明：请根据涨停股的公告或新闻标签，输出各题材的涨停家数、封单总额排名、新题材首板股名单、持续性评分、昨日涨停今日跌停的题材预警。

个性：输出形式为结构化表格，简洁明了。

实验：请分别用不同的历史窗口（3 日、5 日、10 日）生成新题材名单。

2. BROKE 框架示例

背景：你正在为量化基金优化题材轮动策略。

角色：请作为题材轮动策略专家。

目标：识别市场主线题材，把握炒作阶段。

关键结果：输出题材的持续性评分与预警列表。

改进：请给出 3 种不同的题材持续性评分优化方法。

3. ICIO 框架示例

说明：请分析今日涨停股题材归因。

背景：A 股市场，目标是优化题材轮动策略。

输入数据：今日涨停股名单及公告新闻标签。

输出指示：以表格形式输出各题材的涨停家数、封单总额、持续性评分。

4. 思维链技术示例

让我们一步步思考：

1. 统计各题材的涨停家数和封单总额。
2. 识别新题材的首板股。
3. 计算题材的持续性评分。
4. 输出昨日涨停今日跌停的题材预警。

3.16.7　练习建议与反思问题

- 选取任意一个交易日，手动归类涨停股题材，统计涨停家数与封单总额。
- 用 Python 代码实现题材持续性评分，尝试不同的资金流、连板率口径，比较评分结果。
- 设计自己的提示词，调用大模型自动归因公告文本，提升归类的准确率。

- 你认为哪些题材的持续性评分最能反映市场主线？为什么？
- 在题材轮动过程中，如何动态调整持仓以规避退潮风险？
- AI 模型归因与人工归因有何优劣？如何结合提升实战效果？
- 连板率与资金流哪个对题材持续性影响更大？能否用其他指标优化评分体系？

※总结

涨停原因归类与题材持续性评估，是量化题材轮动策略的核心环节。通过系统归因、统计与评分，不仅可以把握市场主线、提升策略收益，更能有效规避高位退潮风险。未来，随着 AI 模型与自然语言处理技术的进步，涨停归因与题材分析将更加智能化、自动化，为量化投资者提供更强大的决策支持。

代码与流程建议：上述所有分析与评分流程均可用 Python 代码实现，建议结合 Pandas、Numpy、NLP 库（如 Transformer、Jieba）与数据可视化工具（如 Matplotlib、Seaborn）进行实战开发。数据源可选用 Tushare、聚宽等，公告与新闻建议用爬虫与 NLP 归因相结合。

3.17 本章小结

本章围绕量化投资策略的实战开发，系统梳理了从竞价阶段量价因子的挖掘到高频数据、舆情、研报、财务等多维度因子的分析与建模。

通过学习上述内容，读者可以掌握多维度因子的构建与实战策略开发流程，以及如何利用 AI 与大数据技术提升量化交易策略的智能化水平。

反思问题

- 你认为在实际策略开发过程中，哪些因子（如量价、舆情、财务、订单簿等）对你的投资体系最具价值？为什么？
- 针对高频量价数据与传统因子的融合，你有哪些创新思路或实际困难？
- 在因子自动化挖掘与建模过程中，AI 技术（如机器学习、自然语言处理）能为你带来哪些突破？存在哪些风险或局限？
- 如何结合自身的数据资源、算力与业务理解，设计出具有差异化优势的“AI+量化”策略？
- 针对游资席位行为、研报、舆情等非结构化数据，你会如何进行特征工程构建与信号提取？

练习建议

结合自身资源，尝试设计一套“AI+量化”的策略雏形，可以从以下方面入手。

- 明确数据来源（如行情、舆情、研报、席位等）。
- 选择有代表性的因子进行初步建模。
- 应用机器学习等 AI 技术进行因子筛选、特征提取与策略回测。
- 关注模型的可解释性与风险控制。
- 不断优化与迭代策略，形成自己的量化投资体系。

附录 A
量化交易基础入门术语表

类别	术语	英文名称	定义与说明
基础概念	量化交易	Quantitative Trading	以数学模型和统计方法为基础，利用计算机技术对金融市场进行系统性分析和自动化决策的投资方式。强调用数据和算法替代人为判断，通过对历史和实时数据的深入挖掘，构建可重复、可验证的交易策略，实现科学、理性的投资管理
基础特征	数据驱动	Data-driven	依赖数据和算法，通过严密的模型和规则，客观捕捉市场规律性机会，而非依赖个人经验或情绪
	自动化执行	Automated Execution	量化交易系统能够自动从庞杂的数据中筛选信号，严格按照预设规则执行买卖操作，有效规避因情绪波动带来的非理性决策
研究对象	资产类别	Asset Classes	包括股票（Stocks）、期货（Futures）、期权（Options）、外汇（Forex）、黄金（Gold）等传统金融产品，以及加密资产（Crypto Assets），还可应用于跨资产类别策略
发展历程	蜡烛图	Candlestick Chart	由本间宗久发明，用于记录和分析市场价格变动的图形工具，是技术分析的基础之一
	投资组合理论	Portfolio Theory	由马科维茨提出，强调通过分散投资降低风险，是现代量化交易的重要理论基础

续表

类别	术语	英文名称	定义与说明
	期权定价模型	Black-Scholes Model（B-S Model）	由布莱克和斯科尔斯提出，用于期权定价的数学模型，推动了量化交易理论的发展
主流策略	基本面量化交易策略	Fundamental Quantitative Trading Strategy	结合企业财务、行业景气度、宏观经济等多维度数据进行量化分析，筛选投资标的
	资产配置量化交易策略	Asset Allocation Quantitative Trading Strategy	在不同资产类别间动态配置，以平衡收益与风险
	阿尔法量化交易策略	Alpha Quantitative Trading Strategy	持续挖掘能够带来超额收益的因子，通过机器学习、统计分析等方法动态优化投资组合
	贝塔量化交易策略	Beta Quantitative Trading Strategy	跟踪和利用市场整体趋势，通过量化分析调整仓位，获取系统性收益
	另类量化交易策略	Alternative Quantitative Trading Strategy	利用市场非理性行为、信息不对称或事件驱动，结合行为金融、事件分析、另类数据等，捕捉超额收益机会
未来趋势	智能化	Intelligence	AI 与机器学习推动策略开发、信号提取和风险管理方式的变革，实现更高水平的自动化和智能化
未来挑战	黑箱问题	Black Box Problem	指深度神经网络等 AI 模型难以解释，导致策略透明度和可控性下降，风险管理难度加大
	算力瓶颈	Computing Power Bottleneck	随着模型复杂度的提升，对高效算力和优质数据的需求日益增长，成为量化交易发展的关键瓶颈
	监管环境	Regulatory Environment	随着量化交易的发展，全球监管趋严，需在合规框架下运行，面临算法操纵等风险

附录 B 生成式 AI 入门简介术语表

类别	术语	英文名称	定义与说明
生成式AI技术与模型	生成式AI	Generative AI	能够根据输入自动生成文本、代码、图像等内容的人工智能，如 ChatGPT、GPT-4、文心一言等
	大语言模型	Large Language Model（LLM）	以 Transformer 为核心结构，基于海量文本数据训练的 AI 模型，具备强大的自然语言理解与生成能力
	推理模型	Reasoning LLM	具备多步推理与链式思维能力，能处理复杂逻辑、数学推导、代码分析等任务的大模型（如 GPT-4、o1、DeepSeek-V2）
	非推理模型	Non-Reasoning LLM	侧重于模式匹配与直接生成答案，适合摘要、翻译、问答等常规任务的大模型
生成式AI能力与特性	能力分层	Capability Layering	指大模型能力按基础理解、推理、创造等不同层级分布，要有针对性地调用
	错觉认知	Hallucination	大模型生成内容时出现“看似合理但实际错误”的现象，常见于知识盲区或推理链断裂时
	思维链	Chain-of-Thought （CoT）	引导 AI 分步推理、逐步解决复杂任务的提示词设计技术
	Few-Shot CoT	Few-Shot Chain-of-Thought	通过少量示例引导 AI 进行分步推理
	Zero-Shot CoT	Zero-Shot Chain-of-Thought	仅用“让我们一步步思考”等提示，激发 AI 的自主推理能力

续表

类别	术语	英文名称	定义与说明
交互与设计	提示词	Prompt	用户与 AI 模型交互时输入的指令或问题，直接影响 AI 输出内容的质量与结构
	提示词工程	Prompt Engineering	针对 AI 模型任务设计、优化提示词的系统方法，提升交互效率和输出准确性
	CRISPE 框架	CRISPE Framework	提示词设计结构：能力和角色（Capacity and Role）、见解（Insight）、声明（Statement）、个性（Personality）、实验（Experiment）
	BROKE 框架	BROKE Framework	目标导向提示词设计：背景（Background）、角色（Role）、目标（Objective）、关键结果（Key Result）、改进（Evolve）
	ICIO 框架	ICIO Framework	结构化提示词设计：说明（Instruction）、背景（Context）、输入数据（Input Data）、输出指示（Output Indicator）
技术与架构	词元	Token	AI 模型处理文本的基本单位，通常为单词或子词，影响生成内容的长度和成本
	检索增强生成	Retrieval Augmented Generation（RAG）	AI 先检索外部知识，再生成内容，以提升事实性与时效性
	多模态模型	Multimodal Model	能同时处理文本、图像、音频等多种数据类型的 AI 模型（如 Gemini、GPT-4V）
	智能体	Agent	能自主感知环境、规划任务、执行操作的 AI 系统，常用于自动化量化研究与交易
	微调	Fine-tuning	在通用大模型的基础上，用特定领域数据进一步训练，提升模型的专业能力
	预训练	Pre-training	利用大规模通用数据对模型进行初步训练，为后续任务打下基础
应用与流程	工作流	Workflow	AI 驱动的自动化任务链，如“数据获取→策略生成→回测→信号输出”

续表

类别	术语	英文名称	定义与说明
	自动化工作流	Automated Workflow	多步骤任务自动化执行流程，实现从数据到决策的闭环
数据与资源	公共数据	Public Data	公开可用的市场、新闻、财报等数据资源
	私有数据	Private Data	企业或个人专有的非公开数据，如交易记录、内部研究报告等
	检索增强	Retrieval Augmentation	通过外部知识库检索提升 AI 生成内容的准确性和广度
	向量数据库	Vector Database	用于高效存储和检索文本、图像等向量化数据的数据库（如 Pinecone、Milvus）
	API	API	软件系统间的数据交互接口，如 OpenAI API、Yahoo Finance API 等
训练与优化	多任务学习	Multi-task Learning	模型同时学习多种任务，提高泛化能力和效率
	知识蒸馏	Knowledge Distillation	将大模型的知识迁移到小模型，提高部署效率
	数据治理	Data Governance	管理数据质量、安全、合规等过程，保障 AI 应用的可靠性和合法性
	事实性增强	Factuality Enhancement	提升 AI 生成内容的真实性和准确性的方法，如 RAG、外部知识接入等
	代码生成	Code Generation	AI 根据自然语言自动生成编程代码的能力，常用于量化交易策略实现
模型与平台	ChatGPT	ChatGPT	OpenAI 推出的主流大模型，支持自然语言对话、代码生成等多种功能
	DeepSeek	DeepSeek	国内开源大模型项目，支持推理、代码等多场景应用
	Gemini	Gemini	Google 推出的多模态大模型，支持文本、图像等多种输入

续表

类别	术语	英文名称	定义与说明
模型与平台	Hugging Face	Hugging Face	全球领先的 AI 模型社区与平台，提供海量开源模型和微调工具
	Open Source Model	Open Source Model	公开源代码和训练参数的 AI 模型，可自由下载、部署和二次开发
插件与扩展	数据插件	Data Plugin	用于扩展 AI 模型获取、处理数据能力的模块，如金融数据插件、行情接口等
	代码插件	Code Plugin	扩展 AI 模型代码生成、调试、运行能力的工具，如 Python、SQL 插件等
性能与评估	API 调用	API Call	通过程序自动访问外部数据或服务的过程
	领域适配性	Domain Adaptation	AI 模型针对特定行业或任务进行调整以提升其表现的能力
	泛化能力	Generalization	AI 模型应对新任务、新数据的能力
	透明度	Transparency	AI 模型生成过程及其依据的可解释性
	可控性	Controllability	用户对 AI 模型输出内容和行为的可调节能力
	过度拟合	Overfitting	模型过度适应训练数据，导致对新数据的表现下降
	AUC 指标	Area Under Curve	用于评估分类模型性能的常用指标，反映模型区分正负样本的能力

附录 C
AI 量化交易策略及实战案例术语表

类别	术语	英文名称	定义与说明
量化交易基础	量化交易	Quantitative Trading	以数学、统计、编程等方法，通过模型和算法自动化进行金融市场交易的方式
	AI 量化交易策略	AI Quantitative Trading Strategy	利用 AI 技术（如机器学习、大模型等）辅助开发、优化和执行的量化交易策略
	数据基石	Data Foundation	量化交易策略开发的基础数据，包括行情、财务、舆情、研报、订单簿等
	行情数据	Market Data	股票、期货、外汇等资产的价格、成交量、涨跌幅等信息，分为日线、分钟线、Tick 等粒度
	财务数据	Financial Data	上市公司资产负债表、利润表、现金流量表等反映基本面的结构化数据
	舆情数据	Sentiment Data	新闻、公告、社交媒体等来源的文本信息，用于分析市场情绪和事件驱动
	研报数据	Research Report Data	券商、研究机构发布的行业、公司分析报告，包含因子定义、盈利预测等内容
	LV2 订单簿	Level-2 Order Book	记录市场每一档买卖委托的挂单情况，反映市场流动性和微观结构
数据处理	数据预处理	Data Preprocessing	包括数据清洗、缺失值处理、异常值检测、标准化、特征工程等步骤，为模型输入做准备
	数据清洗	Data Cleaning	去除重复、无效、异常数据，确保数据质量
	缺失值处理	Missing Value Handling	对数据中缺失部分进行填充、删除或标记，避免模型误判

续表

类别	术语	英文名称	定义与说明
数据处理	异常值检测	Outlier Detection	识别并处理数据中的极端值或错误值，常用方法有 Z-score、箱型图等
	数据标准化	Data Standardization	将不同量纲的数据统一为同一标准，常用 Z-score、Min-Max 归一化等方法
	特征工程	Feature Engineering	构造、选择、变换特征以提升模型效果，包括技术指标、财务比率等
	数据增强	Data Augmentation	通过采样、噪声注入等方式扩充数据集，提高模型的泛化能力
数据工具	AKShare	AKShare	Python 开源金融数据接口库，支持多个市场、多类型数据采集
	Tushare	Tushare	Python 金融数据接口库，提供股票、期货、基金等多个市场的数据服务
	jqdatasdk	jqdatasdk	聚宽平台数据接口，支持多个市场的行情、财务、因子等数据的获取
	同花顺问财	iFinD（WenCai）	面向个人投资者的数据查询工具，支持自然语言查询和策略筛选
	数据对齐	Data Alignment	将不同数据源、不同频率的数据按时间、标的等方式统一对齐
交易时段与因子	竞价阶段	Auction Session	股票市场开盘前集合竞价时段，主力资金布局和市场情绪释放的关键时刻
	竞价强度因子	Auction Strength Factor	衡量竞价阶段成交量与价格偏离度的复合因子，用于预测开盘后的短线收益
	Rank IC	Rank Information Coefficient	因子值与收益率的秩相关系数，衡量因子预测能力的常用指标
	主力资金	Main Capital	指市场中影响力较大的机构或大户资金
	盘口数据	Market Depth Data	展示买卖盘挂单、成交等微观结构信息
	舆情监控	Sentiment Monitoring	利用 NLP 等 AI 技术，实时采集、分析市场舆情变化

续表

类别	术语	英文名称	定义与说明
	事件驱动策略	Event-driven Strategy	基于政策、新闻、公告等市场事件触发的量化交易策略
自然语言处理	自然语言处理	Natural Language Processing（NLP）	AI 理解和生成文本的技术
	情感分析	Sentiment Analysis	利用 NLP 技术判断文本的情绪倾向（如正面、负面、中性）
	SnowNLP	SnowNLP	Python 中文情感分析工具包
	受益公司	Beneficiary Company	在特定政策或事件下，预期受益的上市公司
	换手率	Turnover Rate	一定时期内股票成交量与流通股本的比率，衡量交易活跃度
	策略触发	Strategy Trigger	满足特定条件时自动发出的交易信号
	财报文本	Financial Report Text	上市公司定期报告中的管理层讨论、展望等非结构化文本信息
	业绩修正	Earnings Revision	对公司未来盈利预测的上调或下调
	归一化	Normalization	将数据缩放到指定区间（如 0~1），便于特征比较
	逻辑回归	Logistic Regression	一种常用的分类模型，用于预测事件发生的概率
策略验证	回测	Backtesting	用历史数据模拟策略表现，验证其有效性
	滚动窗口回测	Rolling Window Backtest	用滑动时间窗口多期回测，评估策略的稳定性
	过拟合	Overfitting	模型过度拟合历史数据，导致实盘表现不佳
	正则化	Regularization	增加模型约束，防止过拟合
AI 交互	提示词	Prompt	与大模型交互时，用于引导其理解任务和输出格式的文本指令
	提示词工程	Prompt Engineering	针对大模型任务设计和优化提示词的系统方法
	CRISPE 框架	CRISPE Framework	设计提示词的结构化方法，包括能力和角色、见解、声明、个性、实验

续表

类别	术语	英文名称	定义与说明
	BROKE 框架	BROKE Framework	以目标和结果为导向的提示词设计方法，包括背景、角色、目标、关键结果、改进
	ICIO 框架	ICIO Framework	结构化提示词设计方法，包括说明、背景、输入数据、输出指示
	思维链技术	Chain-of-Thought（CoT）	引导 AI 逐步推理、分步完成复杂任务的提示词设计方法
	Few-Shot CoT	Few-Shot Chain-of-Thought	提供少量示例引导 AI 推理
	Zero-Shot CoT	Zero-Shot Chain-of-Thought	仅通过“让我们一步步思考”等提示，触发 AI 自主推理
因子与模型	量化因子	Quantitative Factor	可用于预测资产收益或风险的数学指标，如均线、波动率、财务比率等
	多因子模型	Multi-factor Model	同时使用多个因子预测资产收益或风险的模型
	代码自动生成	Code Generation	利用 AI 自动生成因子计算、回测等 Python 代码模块
	回测框架	Backtesting Framework	用于策略回测的 Python 工具（如 Backtrader、vn.py、聚宽等）
	数据漂移	Data Drift	数据分布随时间变化，导致模型表现下降
	数据质量监控	Data Quality Monitoring	持续检测数据的完整性、准确性、时效性，保障策略稳定运行